为 人 生 提 供 领 跑 世 界 的 力 量

BLACK SWAN

How Stella Saved the Farm

A TALE ABOUT MAKING INNOVATION HAPPEN

谁拯救了农场

塔克商学院“企业内部创新”经典案例

[美] 维贾伊·戈文达拉扬 克里斯·特林布尔◎著

吴果锦◎译

中国華僑出版社

图书在版编目（CIP）数据

谁拯救了农场 / （美）戈文达拉扬，（美）特林布尔著；吴果锦译. —北京：中国华侨出版社，2013.10

ISBN 978-7-5113-4201-0

Ⅰ.①谁… Ⅱ.①戈… ②特… ③吴… Ⅲ.①企业内部管理－高等学校－教材 Ⅳ.①F270

中国版本图书馆CIP数据核字(2013)第257234号

版权登记号：图字 01-2013-7984

谁拯救了农场

著　　者：[美] 维贾伊·戈文达拉扬　克里斯·特林布尔
译　　者：吴果锦
出 版 人：方　鸣
责任编辑：羽　子
经　　销：新华书店
开　　本：880mm×1230mm　1/32　印张：7　字数：100千字
印　　刷：北京盛通印刷股份有限公司
版　　次：2014年3月第1版　2014年3月第1次印刷
书　　号：ISBN 978-7-5113-4201-0
定　　价：38.00元

中国华侨出版社　北京市朝阳区静安里26号通成达大厦3层　邮编：100028
法律顾问：陈鹰律师事务所
发 行 部：（010）82068999　　传真：（010）82069000
网　　址：www.oveaschin.com
E-mail：oveaschin@sina.com

How Stella Saved the Farm

目录

着眼于企业创新的基本环节

“寓言”作为一种教化工具已有千百年历史。如果你是在西方国家长大，那么应该对《伊索寓言》中的《龟兔赛跑》和《狼来了》等故事耳熟能详。

其实，寓言对成年人的影响同样非常大。本书的灵感就来自两本成人寓言，一本是乔治·奥威尔的名著《动物庄园》，它讲述的是一场革命的酝酿、兴起和蜕变；另一本是变革领导大师约翰·科特和霍尔格·拉斯格博的《冰山在融化》，这个有趣的故事讲述的是一群企鹅是如何应对变革的。

我们曾让很多人读过《谁拯救了农场》，他们有的是高级主管，有的是基层雇员，有的是刚毕业的大学生。我们发现，寓言这种叙事方式有助于加速他们的学习过程。它能把复杂难懂的理论阐述得通俗易懂，并能激发读者的思辨和讨论。我们还发现，原本需要讲述一整天的经营和改革理论，在听众读过《谁拯救了农场》之后，只需要三个小时即可讲解明白。

《谁拯救了农场》建立在十数年的研究成果之上，是十多个真实的企业改革故事的“合成体”。在本书的试点计划中，很多参与者都向我们反馈说这个故事讲述的就是他们公司的真实经历。由此我们知道，《谁拯救了农场》算是写到点子上了。

本书的写作意图不是全面阐述企业创新这个论题，而是着眼于其中最基本的几个环节。如果大家想对企业创新进行系统而全面的了解，建议大家去读一读哈佛商业评论出版社2010年出版的《创新的另一面：解决执行挑战》（*The Other Side of Innovation: Solving the Execution Challenge*）这本书。后者与《谁拯救了农场》的主题是一样的，但讲述得更深刻、分析得更全面，并且包含了更多的实例（如大家所熟知的IBM、宝马、迪尔公司等）。

但是，我们建议大家在读《创新的另一面：解决执行挑战》之前先读一读《谁拯救了农场》这本书，将其作为一个铺垫。因为后者轻松诙谐的外表之下也是一个严肃认真的主题，大家一定会喜欢这种独特的叙述方式的。

为充分利用本书，我们建议大家一定抽时间去看看书后的问题和总结，其中包括了多种复习思考题和知识总结。

这是一个寓言

最后一次登机广播响起。斯特拉最后抱了亚历杭德罗一下，她贴在亚历杭德罗身上，轻蹭着他长长的脖子，然后，她转过身走进了登机口。这一切仍像是在做梦一样。斯特拉曾无数次幻想过自己坠入爱河的情景，但没想到爱情来得如此之快。

斯特拉心怀远大抱负，但从未将一见倾心的爱情当作抱负。几个月前她从学校毕业，已经准备好改变这个世界——虽说她不知该怎么去做，但心中憋着一股大展身手的劲头。她打算在家族经营的农场里工作，积累经验，为将来的发展培养各种技能。

斯特拉是一个典型的“A型行为者”（一种行为模式，其特征是性情急躁，有高度进取心和紧迫感），但她的母亲可不是这样。她建议斯特拉说：“你有一辈子的时间去工作，何况，工作也并不像你想象的那么迷人。先去外面转转吧，享受一下。”

于是斯特拉就把工作的事暂时放到了一边。她背起背包，买了一张打折机票，还买了本《每天10美元游遍秘鲁》的手册。她要暂时远离现代化的生活，投入自然之中，但有个例外，那就是她的黑莓手机，这个现代化的东西可是她片刻都离不开的。

斯特拉的旅行从印加古道的山间开始。她跟来自世界各地的背包客交朋友，并为他们不同的背景、兴趣和观点所深深吸引。有一天，她走在著名的印加废墟——马丘比丘的上坡路上，这时一场浓雾降临了。斯特拉借机在路旁的石头旁边休息一下。

就在此刻，亚历杭德罗从雾中出现了。

“来点儿救生圈薄荷糖吗？”他问道。

斯特拉仰起头——使劲仰起头——终于看到对方的眼睛了。亚历杭德罗个头很高，长得很帅。跟秘鲁这个国家一样，他的身上散发着一股异国情调。

“谢谢，请坐啊。”她答道。

其后的几个月时间里，他们俩一同旅行——斯特拉探寻异域的风采，亚历杭德罗则是加深对祖国的了解，他们互相依靠，互相学习。他们在亚马孙拍下罕见的鸟类照片，在海边晒太阳，还到利马（秘鲁首都）历史悠久的修道院的地下墓穴里探险。

亚历杭德罗的外表深深吸引着斯特拉，她仰慕他的粗犷和健美，与此同时，在他身边还能感受到一种温柔和舒适。他这种刚柔兼并的特点令她无法自拔。

现在，需要跟亚历杭德罗说再见了，斯特拉满怀心事地走上飞机。但与爱人分离并不是她唯一忧心的事，她又看了看手中的手机，上面有很多迪尔德丽——斯特拉在温莎农场的导师——发来的坏消息。农场的经营状况持续恶化，迪尔德丽面临巨大的压力。

斯特拉知道，是时候回去出一把力了。她在座位上不安地扭动着身子，却怎么都觉得不舒服，飞机座位并不适合她的体型。

因为，斯特拉是一只羊。

而亚历杭德罗，是一只羊驼。

所以，这本书其实是个寓言故事。

斯特拉能拯救农场吗？

01

农场需要创新型领导者

三个月前……

迪尔德丽的红木办公桌是专为马类设计的。现在，她正坐在办公桌后，看着电脑屏幕上新收到的两封电子邮件。第一封是经纪人写来的，提醒她及早为秋季玉米定价，看完邮件之后，她将这件事默默记在心里。迪尔德丽主管温莎农场的玉米和大豆生产已经有一年时间了，她很喜欢这份工作。

另一封邮件来自她的年轻门徒——斯特拉，信中写的是印加古道的神秘美景。斯特拉将自己的游历经历写得生动详细，看到邮件，迪尔德丽仿佛身临其境。虽说如此，迪尔德丽还是希望斯特拉能尽快返回农场为她出把力。因为斯特拉是她见过的最不像羊的羊，她一点儿都不胆小羞怯，是个天生的领导者。

门外蹄声响起，随后，马库斯——迪尔德丽的父亲——走了进来。他的威严与强壮一如既往，却经常带着疲态。马库斯主管整个温莎农场已有20多年了，在他的勤勉经营下，农场的面积比起初大了3倍。马库斯知识渊博、久经考验、老成持重，在农场内外都德高望重。

“小家伙们怎么样？”马库斯跟往常一样，开口仍是先问两个外孙的情况，“学习还跟得上吗？”

想到拉塞尔和托马斯这两个可爱的儿子，迪尔德丽脸上漾起了笑容。“还不错，”她答道，“倒是我都快跟不上他们了。”

马库斯显然有话要说。他开口道：“迪尔德丽，每匹马都有面临退休的时候，我该退了。”

什么？农场上的每只畜禽都知道马库斯终会有一天选择退休，只是早晚的事；但迪尔德丽真心希望这一天来得越晚越好。

“爸，当然，我和农场的每一个人都尊重你的决定。你也要有安享晚年的日子。可为什么要现在退休呢？你还正当年啊。”

一直以来，马库斯在整个农场范围内施行“卓越经营”（卓越经营理念是“现代管理之父”彼得·德鲁克的管理思想，那是一套完整的企业运营体系，它包含战略目标系统、目标分解系统、过程控制系统、激励系统、支持系统五大部分，五大部分缺一不可，互相支撑，形成一个严密的体系）的理念，在他的领导之下，温莎农场经营得有声有色、紧凑而高效。农场的管理层争先恐后地提高各种产品的产量和销售额。想到这里，迪尔德丽不禁笑了起来。

“我再干下去，农场也不会有什么突破了，”马库斯解释道，“我已经没有办法了。但还有一个机会，那就是为农场的未来选一个正确的领导者。”

“爸，这事儿你跟布欧说过了？”迪尔德丽问道，脑中浮现出布欧那庞大的身躯欢呼雀跃的样子。布欧是温莎农场的“二把手”，分管农场的牧牛部门和乳业部门。在他手下，整个牛乳部门就像是台完美运转的制乳机器。他强势固执又令人信服，所以大家都用“布欧”[①]这个外号来称呼他，而几乎忘了他的本名“哈罗德”。

“迪尔德丽，这件事咱们得谈一谈，”马库斯低声说道，“我觉得布欧不适合坐这个位子。”

迪尔德丽愣住了：“但是两年来，布欧一直做你的副手啊，他是你的左膀右臂啊。”

“这就是问题所在了。布欧经营农场的理念跟我一模一样。这不是农场需要的东西。随着时代的发展，仅仅做到‘效率’已经远远不够了，至少，要保住这个家族经营

① 英文bull，意为公牛。

的农场的话，仅有效率是不行的。”

迪尔德丽还是没回过神来。她望向窗外的牧场。今天天气非常好，远处的羊群都在安详地吃草。

几十年前，在畜禽刚刚开始介入农场经营行业的时候，他们很快就证明了自己是这方面天生的行家。而人类则善于使用机器。马库斯也向人类学习，买了两台高级拖拉机回来（有时候他说这两台拖拉机是温莎农场真正的“劳力”，这句话常常引起某些敏感畜禽的不满）。可是，情况真的像马库斯说的那么糟吗？

马库斯打断了迪尔德丽的沉思，继续解释道：“人类经营的牧场正蓬勃发展，他们不断引入更高级的机器参与生产。你也知道他们的信条，‘规模越大，成本越低’.咱们要是不及时采取应对措施的话，畜禽经营的农场很快就会像马拉犁一样被时代淘汰。”

迪尔德丽从未见过父亲如此焦虑的样子。

“虽说咱们的农场也在发展，”马库斯继续说道，

初级思考题

与温莎农场这样的畜禽自营农场相比，人类经营的农场有什么优势？

“但相比而言规模还是太小了。咱们也可以走扩展合并那条路，但那样就不再是‘家族经营’的农场了，而家族是咱们最看重的东西。”

“这是当然，爸爸。”迪尔德丽答道。

马库斯看上去一副心神疲累的样子，他的额发一反常态地从帽檐处耷拉下来。“迪尔德丽，我跟你说个绝密的事情。这段时间以来，我不断接到别人打来的电话，他们想买下咱们的农场。麦克基利库迪就至少提过三次。”

听到这个名字，迪尔德丽脊背上的鬃毛都竖起来了。人类经营的农场和畜禽经营的牧场之间的竞争始终存在，从大面上讲，双方的竞争是公平的，都怀着对彼此的敬重。但麦克基利库迪就不一样了，他经营的大型农场就在温莎农场旁边，是温莎农场的邻居，但他从不接受畜禽经营农场这种形式，他还因对手下的动物劳力态度恶劣而臭名昭著。

马库斯说："我担心的是，有一天咱们别无选择只能把农场卖掉。你也见过这种事情了，咱们很多朋友的农场都经营不下去，被迫卖给人类了。"

"可是你比他们……"

"咱们也会有那么一天的！"马库斯不愿听女儿对他的夸赞，现在不是粉饰太平的时候。"我们需要一个新型的领导者。他（她）要有创新能力，果敢，能把农场带向新的发展之路。"他直视女儿的眼睛，继续说道，"你从

初级思考题

为什么马库斯觉得温莎农场需要一个新型的领导者？

小时候开始，就跟普通人的思路不一样。你总能一下子看透问题的本质，能找到非同寻常的解决方法。”

迪尔德丽觉得喉咙发紧，父亲的意思难道是……

“我想让你来主管这个农场。”马库斯说道。

迪尔德丽想到了自己目前领导的这个小团队，想到它的组建过程，想到所取得的成绩，她感到很自豪。可是，她真的能挑起整个农场的担子吗？

“爸，我刚刚主管自己的部门不久。管理整个农场这项工作需要更多的经验和雄心……”

“迪尔德丽，你就是温莎农场未来的希望。我把话说明白：我让你坐这个位子不是因为你是我的女儿，就算你现在不接手，等布欧退了休，你也会继任的。我让你主管农场，是因为你是当前最正确的人选。”

迪尔德丽看着眼前桌上摆着的两个儿子的照片：拉塞尔咧着嘴，笑着面对相机镜头；而托马斯却忘了看镜头，歪着头不知在看什么。

儿子们在温莎农场的未来，真的岌岌可危了吗？

儿子们照片的旁边，是她已故母亲的照片。母亲总是对迪尔德丽说——你注定是做大事的人。再旁边是她已故丈夫的照片，他在小儿子出生仅一周的时候就在一场拖拉机事故中去世了。

“那么，你愿意接手吗？”

迪尔德丽望向父亲慈祥而疲惫的双眼。她想起了父亲一直都拿出太多的时间和精力帮她抚养两个儿子。她知道，现在有个字是最不能对父亲说的。

那就是“不”。

中级思考题

离任之前，马库斯想为温莎农场打下变革的基础，除了让迪尔德丽接管农场之外，他还有什么选择？

马库斯能拯救农场吗?

迪尔德丽能拯救农场吗?

02

让高效的主管做首席运营官

接下来的一周时间里，马库斯审慎地帮迪尔德丽准备接手农场的各种事宜，现在到了向布欧公布这个决定的时候了。

马库斯把布欧和迪尔德丽叫进自己的办公室。走进办公室的时候，布欧抬头看了看挂在墙上的马库斯的肖像画。他想道："有一天，我的肖像画也会挂在那里。"

一番客套话过后，马库斯直截了当地对布欧说明了自己的决定。布欧先是默默地呆坐了片刻，然后低着头冲了出去。

“让他去发泄一下情绪吧。”马库斯对迪尔德丽说道。

一个小时过后，迪尔德丽在牧羊的草地上找到了布欧。后者正狂怒地摇晃着脑袋，前蹄狠刨着土，身后尘土飞扬。他这副样子把周围吃草的羊吓坏了，咩咩声不绝于耳。有些羊甚至吓得爬到了树上，有一只母羊吊在树枝上，虽说离地只有半米高，但因怕摔下来而吓得要死。

布欧看到了迪尔德丽，他愤怒地喷着鼻息。迪尔德丽小心地走近布欧，邀他一同到树荫下坐一会儿。她知道，无论如何要把布欧劝解过来才行。

布欧不情愿地小跑过来，他那1.2吨重的庞大身躯刚在树荫下坐定，树上的羊们立刻逃到了旁边的小土丘上，只有那只可怜的母羊仍挂在树枝上不敢动弹。

“你本应是这个农场的下一任主管。”迪尔德丽柔声说道。

“大家都认为我是下一任主管。”

“我也是这么想的。”迪尔德丽说道，“跟我说说吧，要是你来接手的话，你打算怎么经营？”

“你知道我的信条是什么。‘更快，更强，更高效’。”布欧甚至把这句话写下来挂在了办公桌后面的墙上。“温莎农场运转得很好，但是还能做得更好。”他说道，“我有很多想法，可以增加农场的产量和销售额。我需要主管这个职位来实现我的想法。”

初级思考题

如果温莎农场由布欧接手，他将怎样经营？

“是啊，是的。”

布欧叹了口气，说道：“迪尔德丽，我爱这个农场。很多农场都想把我拉过去做主管的。”

迪尔德丽早就想到布欧的这个选择，她知道布欧的自尊心很强。她说：“布欧，温莎农场需要你的领导才能。”

“温莎农场已经由你来领导了。”布欧反驳道。

“布欧，想象一下，没有了你，温莎农场会变成什么样子。你对咱们农场了如指掌。大家都仰慕你。嗯，当然，”迪尔德丽用肘部轻撞了一下布欧，“那是在你不吓唬他们的时候。”

听到这句玩笑话，布欧挤出了一丝笑容。

接着他们俩谁都没说话，默默欣赏着周围的田园美景——起伏的山丘、巨大的畜棚、远处刷了新漆的农舍……一切都那么完美。

这时一头名叫梅兹的荷兰黑白花母牛走了过来。她是温莎农场的“奶王”，每天产奶量近90斤，但她更有名气的是对时尚的迷恋。整个温莎农场只有一面镜子，而这面镜子就在梅兹的粉红色畜棚里。她的帽子多得都快数不过来了，今天，她头上又戴了一顶新帽子。

“你们喜欢我这顶新帽子吗？”梅兹歪着头问道。

“我太喜欢你的帽子了。”布欧敷衍道，希望梅兹快点儿走开。

迪尔德丽觉得，梅兹似乎对这顶帽子有种特别的感情，但不知道原因何在。这顶帽子的确很漂亮，但远不是梅兹众多帽子中最好的。于是她问道：“的确很好看。这帽子是——”

“它是羊毛织成的，这是我见过的最柔软的羊毛呢。”梅兹解释道。她把帽子摘下来递给布欧和迪尔德丽，让他们也感受一下那种奢华的触觉。“这帽子是进口来的！”梅兹得意扬扬地说，“是斯特拉从秘鲁寄给我的呢。”

梅兹刚刚走远，布欧和迪尔德丽就忍不住大笑起来——这是发自内心的轻松的欢笑。心情平复下来之后，迪尔德丽开口道：“布欧，我需要你。”

布欧点了点头：“你需要我做什么？”

“我为你设立了一个新的职位：农场的首席运营官。”

布欧笑了，听上去像个很重要的职位。但他立刻又回

初级思考题

为了留住布欧，迪尔德丽给了他什么条件？

过神来：不管这个职位多么重要，都跟主管整个农场不大一样，跟他的梦想不一样。并且，他从此会在迪尔德丽手下工作，而迪尔德丽比他岁数小很多啊！

看到布欧犹豫不决的样子，迪尔德丽说道：“你好好想一想吧。”

天色稍晚的时候，迪尔德丽又经过牧羊的草地，她看到布欧还在那里，仍是瞪着眼睛刨土发泄情绪，那里的羊都快被他吓死了。

中级思考题

布欧是个阻力还是个助力？迪尔德丽觉得布欧怎样？

布欧能拯救农场吗?

梅兹能拯救农场吗?

03

创业之始

迪尔德丽眺望着眼前颗粒饱满的大豆，心中稍稍感到一丝安宁。接任温莎农场主管一职已经有两周时间了，她知道农场的畜禽仍对她的管理能力心怀疑虑。而她已经精疲力竭了，真不知道父亲当初是怎么熬过来的。

一匹年轻公马朝她飞奔而来。尽管还相隔很远，迪尔德丽已经认出了那人是谁。马尔夫。迪尔德丽对其完美的步态钦佩不已。马尔夫曾是学校橄榄球队的四分卫，因为他总觉得自己甚至比教练还厉害，所以得了一个外号叫“另类”。迪尔德丽很欣赏马尔夫的自信、才华和精力，却看不惯他那愣头青样的劲头。

“迪尔德丽，快，跟我来。”马尔夫冲到她跟前才急忙停住，后腿着地人立而起，“你父亲病危了！”

迪尔德丽紧跟在马尔夫身后，两人从丘陵地带飞驰过近一千米的距离到达马库斯的农舍。迪尔德丽发现，父亲的身体状态真的很不好。他浑身大汗，吃力地喘着粗气，躺着的姿势也很不对。医生的话更是证明了她的猜测。现在迪尔德丽终于明白父亲为何决定早早让她接手农场了，他早就知道自己的身体不行了。

随后的几周时间里，迪尔德丽尽可能多地陪在父亲身边。同时，温莎农场的董事会成员一致同意，授予马库斯“功绩勋章”这一珍贵的最高荣誉。在授奖仪式上，拉塞尔和托马斯一同将奖章挂在了外公的脖子上，而农场的全体成员——牛、羊、鸡、马等——用欢呼声向他表示敬意。

“谢谢你们。”马库斯沙哑着声音说道。

第二天，马库斯在睡眠中安然去世。

“妈妈，给我们讲个故事。”托马斯和拉塞尔上床睡觉后向迪尔德丽请求道。自从能够独立阅读以来，他们很少提这个要求了。但在外公去世后的数天时间里，他们对母亲产生了强烈的依赖心理。

迪尔德丽觉得，这是个向孩子们介绍温莎农场历史的好机会。

“很久很久以前，一家姓‘温莎’的人经营着一个小农场，”迪尔德丽讲道，“温莎一家很喜欢一匹名叫约翰·帕特里克的马，他们亲切地称它为JP。他就是你们外公的爷爷，也就是你们的老老外公。”

“JP是世界上最聪明的马！”拉塞尔插嘴道。

迪尔德丽笑了。儿子们曾多次听过这个故事，对其内容已经很熟悉了。“可是温莎一家不知道JP有多么聪明呢，”她继续讲下去，“JP自己学会了读书识字。据我们所知道的，他可是世界上第一匹认字的马呢。”

“JP相信，牲畜和家禽应该过得更好。”说着，迪尔德丽轻抚着托马斯的额毛，“尤其是马匹，他们干的活最多，却得不到相应的待遇。”

“不公平！”拉塞尔和托马斯齐声说道。

“是啊。”迪尔德丽说道，“所以，慢慢地，JP就教其他牲畜和家禽认字。”

“后来有一天，温莎一家都很老了，干不了农场的活，就把农场废弃了。JP把这当成了人生的转机。他说服其他动物，打算自主经营这个农场。第二天，JP的儿子弗雷德里克，也就是你们的老外公，就把一个牌子挂在了农场的大门上，上面写着‘温莎农场，畜禽自营’。”

拉塞尔和托马斯用脑袋压了压枕头，准备睡觉，因为他们知道故事就要结束了。

“很快，JP主管的这个农场就变成了周围6个县里最好的一个。他白天在农场里干活，晚上就在温莎一家的书房里看书。这时候，温莎农场的故事已经传开了，别的动

中级思考题

温莎农场有没有革新的传统？多年以来，温莎农场发生了哪些改变？

物也都学起了我们的样子，开办了自主经营的农场。后来大家发现——”

“——动物才是最好的农场主！”两匹小马齐声接道。

“JP退休之后，”迪尔德丽继续讲道，“弗雷德里克接手了农场。跟他的父亲一样，弗雷德里克也是一个出色的领导者。他发起了‘动物权运动’，改善了牲畜和家禽的生活品质。”

“但是，在你外公接手农场之后，情况就不一样了。”迪尔德丽轻声说道，“在干活方面，动物比人类更出色，可人类更擅长使用机器。他们制造了精良的拖拉机和农具，人类经营的农场效率变得更高。”

初级思考题

温莎农场的历史有何特别之处？

图中文字：吃　更多　蔬菜

两个孩子已经睡熟了，迪尔德丽轻轻吻了吻他们的额头。

“他们的信条是：‘规模越大，成本越低’。”迪尔德丽轻声叹道，又想起了父亲对她说过的那些话。

随后，她回到自己的床上，闭上眼睛，却怎么也无法入睡。

马尔夫能拯救农场吗?

04

重重危机

“喔喔喔——”

迪尔德丽猛地醒了过来。这刺耳的声音是爱因斯坦发出的。他是一只公鸡，也是农场的科研主管。很久之前，爱因斯坦研究出了一种肥料和种子的搭配比例，从而将玉米的产量增加了50%。从那之后，他就获准随意支配自己的时间，也就是说，只要睁着眼睛，他就泡在自己的实验室里。

虽说爱因斯坦不屑于做那些卑微的体力活，却仍不舍得丢掉打鸣这个职责。在把大家从睡梦中叫醒这件事上他热情四溢，总是跳上跳下，拍打着翅膀狂呼乱喊。

迪尔德丽想了想今天要做的事——还是跟昨天一样。父亲去世一个月了，动物们已经从悲伤中走了出来。庄稼还是那样种，牛奶还是那样挤，但大家的情绪总也高不起来。布欧还是一脸不高兴的样子，他现在全凭吓唬羊来安慰自己的心灵了。

早饭之后，冈特——温莎农场的会计，也是农场里唯一一只火鸡——交给迪尔德丽一份月度财务报表。“没什么值得高兴的。”他警告道。冈特翅膀下总夹着四五支笔，是个非常称职的会计。

迪尔德丽看了看报表，上面列出的是温莎农场三大主要业务——养羊产业、养牛产业、农作物——的情况。温莎农场还生产鸡蛋，但他们养的鸡数量非常少，养鸡只不过是出于感情因素，而非以赢利为目的。

从总体上来看，温莎农场的效率一如既往，这是件好事。但农产品价格一直在下降，所以他们的利润损失了很多。要是这种情况再继续下去，用不了几年时间，温莎农场就要破产了。

迪尔德丽在食槽边找到了布欧，后者正大嚼干草。谢天谢地，他的情绪还算平稳，迪尔德丽抓紧把财务报表的事告诉了他。

布欧想了想，说道：“我再加把劲儿。”

这天剩下的时间里，迪尔德丽跟农场的其他高管谈话，向他们征求想法和思路。午饭时，她与农场的“三人组”坐在了一起，他们分别是：主管养羊产业的公羊兰博，协助布欧管理养牛产业的雷克斯，接替迪尔德丽掌管农作物产业的公马罗布。他们都是布欧的门徒，而“三人组”对布欧的忠诚人尽皆知。

“怎样才能改善农场的财政状况？”迪尔德丽问他们。

兰博（他的教名其实是“博”，不过他更喜欢“兰博”这个名字）提了一个方案，通过调整日程安排来增加毛线产量。

雷克斯说可以改用新的蓄养方法来提高牛奶的产量。

罗布说他听到一种新型种植方法，叫作“庄稼轮播法”。

这些想法都挺好，但迪尔德丽觉得还不够，她想要更大胆、更新异的点子。

随后的几周时间，情况变得更糟了。一场冰雹砸毁了农场的谷仓；一次罕见的虫灾使农作物大受损失；某天夜里，一群羊走散了，再也没能找回来。

“农场后门为什么没关？”迪尔德丽质问道。

兰博解释说，一直都是马库斯每晚巡查农场边界，确

初级思考题

温莎农场的经营走势是怎样的？当迪尔德丽跟布欧、跟“三人组”说到农场的衰退迹象时，他们的提议是什么？

中级思考题

布欧以及“三人组”提出的改良建议有什么特点？

保各门关闭。迪尔德丽叹了一口气，默默地将这件事当作每天的例行程序记在心里。

第二天太阳落山时，迪尔德丽就开始巡查农场边界了。她甚至发现，这是一个静心思考的好时机，怪不得父亲喜欢这么做呢。

正当迪尔德丽漫步在农场后面的大路上、享受这短暂的安宁时，一阵闹心的隆隆声扰乱了她的情绪。她转过身，原以为会看到一辆美式长头卡车，但映入眼帘的怪物惊得她合不拢嘴巴。

那是一台巨型拖拉机。迪尔德丽拿出手机把它拍了下来。当拖拉机驶过她旁边时，她才认出开拖拉机的人是谁，那人正是麦克基利库迪。看到迪尔德丽时，麦克基利库迪把拖拉机停了下来，从容不迫地从驾驶室里慢慢走下来，此举更凸显了拖拉机的庞大。

“多好的夜晚啊。”说着，他抬手轻触了一下帽檐向迪尔德丽打招呼，随后把大拇指插进工装裤的左右口袋里。

迪尔德丽点了点头。

“你父亲的事，节哀顺变吧。”

“谢谢。”迪尔德丽答道。

“温莎的情况还好？”

“市场大环境不好，但大家都尽力而为吧。”

“是啊，大环境不好。”说着，麦克基利库迪斜着眼打量了一下迪尔德丽，“你的话不多……跟你父亲一样。”

迪尔德丽又点了点头。

麦克基利库迪搔了几下光秃秃的头皮，把帽子戴上，然后返身爬进了拖拉机的驾驶室。

当天晚上，迪尔德丽被噩梦吓醒了，发现自己已是浑身冷汗。她梦见麦克基利库迪抓住了她，把她绑起来扔在地上，然后开着那台巨型拖拉机从她身上碾了过去。接着，他倒车……再次从她身上碾轧过去……

爱因斯坦能拯救农场吗?

兰博能拯救农场吗?

05

征集创新点

“我们需要一个新型的领导者。他（她）要有创新能力，果敢，能把农场带向新的发展之路。”接下来的几周时间里，父亲当初的话语不断在迪尔德丽耳边回响。到现在为止，她还是不明白父亲到底想让她怎么做，但她知道，必须得做点儿什么了。

她决定召开一次农场全员大会。此次大会将跟以往一样，在畜棚旁的草坪上举行，温莎农场的每个成员都要参加。马和牛坐在草坪上，羊则爬到干草垛上，因为这样才会显得他们高一点儿。

迪尔德丽站在动物群面前，面向大家，身侧是一个告示牌。她先是对大家在艰难时期的努力工作表示了感谢。“我们都很想念马库斯，”她说道，“但咱们得向前看，得着眼未来。说到未来，我指的不是工作的日程安排，而是温莎农场未来的命运。”

“首先，我说说值得咱们高兴的事。”迪尔德丽翻开告示牌，牌子上贴着一张曲线图，上面绘的是农场单位生产成本的平稳走势。接着她阐述了多年以来农场为达到并维持这种走势而采取的各种变革措施。

“让我们为取得的成就欢呼吧！”

于是，羊们“咩咩”不住，马们“嘶嘶”不已，牛们“哞哞”不停，鸡们“咯咯”不止。爱因斯坦高声啼叫，马尔夫则人立而起跳起舞来，布欧也是一脸得意扬扬的样子，只有冈特还阴沉着脸。

迪尔德丽示意大家安静下来。“下面要说的是坏消息。”说着，她把告示牌上的图标掀到下一页。这张图表上有两根下滑曲线，一是农场的生产成本，另一条下降更厉害的是农产品的市场价格。迪尔德丽指了指第二条曲线。农场的高管们都点头不语，因为迪尔德丽早就给他们看过这张图表了。而现在她需要把其中的意义讲给所有工作人员，给他们敲响警钟。

“产品成本和市场价格之间存在一个差额，这个差额就是我们的收入，也就代表着我们的生活水平。差额越小，咱们的日子就越不好过。”

突然间迪尔德丽觉得很气恼，因为她看到梅兹正跟周围的人小声聊着天，根本没有在听她讲话。跟往常一样，普通工作人员对这种充满数字的会议都没什么兴趣。迪尔德丽决定换个套路。

“伙伴们，两周之前，我做了一个噩梦。”

梅兹支起了耳朵，一些闲散的羊也都认真倾听起来，大家都喜欢听故事。

“在那个梦里，”迪尔德丽继续讲道，“我被这么个东西轧死了！”

迪尔德丽在畜棚一侧挂了一张大白纸，上面印的是她用手机拍下的巨型拖拉机照片。看到照片，大家都发出一阵惊呼声。

“这就是麦克基利库迪的新型拖拉机，”迪尔德丽解释道，“它的后轮比我还高。人类农场主购买了成百上千台这样的机器，你们知道这意味着什么吗？”

一只公羊兴奋地喊道：“我们也要买一台吗？让我当司机好不好？”

这可不是迪尔德丽想要的回答。她解释道：“这种巨型拖拉机只适用于比温莎农场大10倍的庄稼地。”

看到听众仍是一脸迷惑不解的样子，迪尔德丽继续解释说，虽然在马库斯的领导下温莎农场的规模比原初大了很多，但仍远远比不上人类农场兼并扩大的速度。

“伙伴们，我们正在慢慢走向消亡。从现在算起，三年，最多四五年后，我们就得被迫把农场卖掉了。到了那时，麦克基利库迪会把我们压榨得一根汗毛都不剩！”

台下的畜禽们惊呼起来，卖掉温莎农场——尤其是卖给麦克基利库迪——这是他们不敢想象的事。

迪尔德丽示意大家安静下来，现在，大家的眼睛都直勾勾地盯着她。“是的，我的感觉跟大家一样，”她说道，“我曾跟几个管理人员谈过，也从他们那里征集了一些创意。但说实话，这些创意都不够大胆、不够新异，只是能稍微提高我们的生产效率而已。”

说到这里，迪尔德丽稍微停顿了一下，好让大家充分理解和消化刚才那几句话的意思。接着她向大家发出倡议：“伙伴们，我们真正需要的，是能开创新产业的好点子！”

听到这句话，布欧鼻子里冷哼了一声。兰博、雷克斯和罗布这个“三人组”就站在布欧旁边，他们都是一副不理解的样子。迪尔德丽又想起了父亲的话：“我们需要一个新型的领导者。他（她）要有创新能力，果敢，能把农

初级思考题

对迪尔德丽提出的金点子大赛，布欧及“三人组”是什么态度？

场带向新的发展之路。”她知道自己不能再犹豫不决了。

她一把扯下挂在畜棚一侧的马鞍褥，露出了下面用白漆新写的几行大字：

金点子大赛

为了农场的未来

希望大家踊跃参与

接着，迪尔德丽为大家详述了这次活动的具体情况。在过去的3周时间里，她一直在忙着从顾客那里征集意见，作市场分析，并预测行业动向。

“那么，大家准备好献计献策了吗？”迪尔德丽问道。

“准备好了！”大家齐声喊道。他们都觉得这次活动

很有意思。

“那么，我给大家两周时间考虑。两周之后咱们再开一次全员大会，选出最好的创意！”

当天晚上，布欧和“三人组”在畜棚里打扑克。

“她提新业务干吗？”兰博嘟囔道，“咱们都是干农活的！”

“眼下不适合有大动作。”雷克斯把一摞小木片扔在

桌子中央，增加了筹码。“我们应该集中力量改良现有的产业。”

“说得没错，现在哪有工夫分心啊。”罗布嘴里正嚼着方糖，附和道。

“伙计们，”布欧打断了他们的抱怨，“你们的担心是有道理的，但咱们得支持迪尔德丽的决定——这次的决定。很快她自己就会明白过来，现在可不是追求新奇创意的时候。”

“三人组”齐声冷哼，然后就继续打牌了。

中级思考题

布欧和“三人组”所面临的压力是什么？在迪尔德丽提出的金点子大赛这件事上，这些压力是如何影响他们的反应的？

06

丢弃拳头产品？

两周之后的金点子大会上，大家早早就来到了畜棚前面。准备提出新倡议的小组有40个之多。

“每个小组有五分钟的陈述时间。”迪尔德丽对大家说道。她能感觉到现场洋溢的创新的气氛。接着，她示意第一支参赛小组上台。

就在此时，一辆锈迹斑斑的皮卡咔嚓咔嚓地沿着农场长长的土路进入大家的视野，最后在畜棚前停了下来。接着一个身影从皮卡后斗上跳了下来，是斯特拉！看见她回来了，大家都很高兴。

迪尔德丽轻拥了一下斯特拉，向她解释了金点子大赛的事。斯特拉放下背包，在一个干草垛上坐下来。她想，我回来得真是太巧了。这时第一组参赛选手——几只羊——已经站上了讲台。

他们的新点子是用羊奶制作冰激凌。

第二组是几匹成年公马，他们建议在农场旁边开设赛马场。

梅兹提议创办一份时尚杂志，名字就叫《时尚畜禽》，刊登最新潮的时尚资讯；她甚至还制作了一张样本封面，上面是一头身穿紫色褶边连衣裙的黑白花奶牛。看到好朋友戴着自己送的秘鲁帽子，斯特拉心里特高兴。她想道，这才叫奢华的时尚啊。

奢华的时尚？斯特拉的脑中灵光一闪。可是，这个点子值得一提吗？

看着一组组参赛选手上台阐述，听着新颖的点子层出不穷，迪尔德丽被大家的热情深深打动了。创新！真诚！

农场的未来！

爱因斯坦最后一个上台。他的点子是培养一种转基因母鸡，大量生产鸡蛋。这位疯狂的科学家甚至还用粉笔在身后的木板上写下了大量的公式和方程式。

爱因斯坦阐述完毕，斯特拉突然觉得好像触电了一样，全身紧张。我要不要上台去呢？别人的创意都是精心准备好的，我还没有时间去仔细考虑啊。

“谢谢你，爱因斯坦。”迪尔德丽说着，把这只拍打着翅膀的公鸡送下台去。“谢谢大家，谢谢你们的创意。”

“等一下！”斯特拉说道，她的心怦怦直跳，“我也想说说我的新点子。”

迪尔德丽微笑着看着自己的门徒。对斯特拉的表现，她可是一点都不感到惊讶。于是她让斯特拉站到台上去。

“我的创意是，”斯特拉说道，“温莎农场要制造全世界最好的羊毛制品。”

全场鸦雀无声。羊们面面相觑，有几只回过神来的则在彼此小声耳语。

兰博从羊群里走了出来，说道："斯特拉，你忘了？我们的羊毛产品已经是非常好的了。"

"是的，兰博，是的，这一点毫无疑问。"

"那你的话是什么意思？"兰博问道。

"我来解释一下，你们看——"斯特拉停顿了一下，从背包里拿出一张海报，将其钉在身后的木板上，遮住了爱因斯坦刚写的那些公式和方程。大家一哄而上，想要仔细看个究竟。

"这是什么玩意儿？"一只羊大声喊道。

"这是一张我朋友的照片，他叫亚历杭德罗。我是在秘鲁认识他的。"斯特拉的口气分明表示她跟这个"朋友"之间的关系并不寻常。

"他的脖子咋了？"一头母牛问道。

"他是一只羊驼。"斯特拉解释道。

“羊什么？”一只鸡问道。

“他看起来就像是只长毛小骆驼。”不知是谁说了一句。

“正确！他也是骆驼科的一种。”爱因斯坦抚着鸡冠说道。

“爱因斯坦说得对，”斯特拉说道，“羊驼跟骆驼有点儿像，但他们是南美洲土生土长的动物。大家也可以把他们看成是大个头、长脖子的羊，”斯特拉解释道，“最重要的是，羊驼的毛非常柔软。”

“斯特拉说得对！”梅兹摘下头上的帽子炫耀着，“羊驼毛太柔软了！是不可超越的！”

斯特拉又从背包里拿出一条围巾，这是亚历杭德罗送给她的临别礼物。她让大家亲自摸一摸这条围巾感受一下，顿时赞叹声不绝于耳。

“要生产这样的毛线制品并不困难，”斯特拉继续讲道，“因为羊驼比羊更容易饲养，而我们在纺线方面已经非常在行了。只要能把羊驼从秘鲁运过来……就能生产世界上最好的毛线了！”斯特拉注意到有些羊在听到“最

初级思考题

斯特拉提出的高档羊毛业务，其积极面是什么？

好”这两个字时变了脸色，于是立刻改口道：“世界上最好的羊驼毛线！”

两个小时过后，迪尔德丽将农场全部员工重新召集起来。她宣布：“我和布欧已经选出了金点子大赛的决赛选手！”布欧点了点头，但看不出有什么高兴的样子。迪尔德丽继续说道：“从现在开始，这次比赛会更加正式。每个进入决赛的小组都需要写出详细的经营方案，以此来证明他们的创意是可行的。”

迪尔德丽稍微停顿了一下，以制造悬念，然后才一一宣布进入决赛的选手名单。第一个进入决赛的是由几匹老马组成的小队，他们的创意是将温莎农场这个首个畜禽自营的农场作为卖点，开发旅游业；由三只鸡组成的小队，他们的创意是创立完全以蛋类食品为主的快餐连锁店（当然，鸡蛋需要由温莎农场负责供应）；还有两只母牛组成的小队，她们的创意是在农场内开办一个儿童爱畜动物园。

中级思考题

企业界人士一般都是在寻找创意方面付诸大量时间和精力，到了需要把创意变成真正的产品或业务的时候反而不那么努力了，为什么？

在大家的欢呼和掌声中，迪尔德丽高声说道：“等一等，还有一个选手进入了决赛。”大家都转向迪尔德丽，等着她说出名字。“我跟布欧决定稍微改变一下竞赛规则，再加上一位决赛选手。”这时迪尔德丽在人群中找到了斯特拉，就看着她说道：“我们对你临时想出来的那个创意很感兴趣，所以，你要把羊驼纺织品产业写一个可行性计划出来。”

“哈！”斯特拉跟身旁的一头母牛击蹄庆贺。这才是她喜欢的挑战！她迫不及待想要给亚历杭德罗写电子邮件，把刚刚发生的一切都告诉他。

07

从头开始：要么做新产品，要么等死

现在，迪尔德丽面前的桌子上摆着四份经营方案，但毫无疑问，斯特拉提出的高档羊毛创意是其中最有潜力的。尤其令迪尔德丽满意的是，这个方案不需要太多投资。温莎农场的资源有限，仅靠现有的资金能够启动的方案，也只有斯特拉这个了。迪尔德丽真心希望高档羊毛产业能迅速盈利，然后再把挣来的钱用于开创其他新的业务。

“就采用斯特拉的方案吧。”迪尔德丽对坐在办公桌对面的布欧说道。最近几周时间里，布欧总是沉默的时候居多，他还在纠结于自己没能接管整个农场吗？

“嗯，这个点子不错，”布欧没有作出正面回答，“但是，斯特拉的这个创意，是理智思考的结果，还是……感情的原因？”

迪尔德丽假装没听到这句话，她说道：“咱们马上就把结果宣布出去，这周搞一次庆祝活动，然后立刻着手新业务。”

布欧的眼珠子都快掉出来了：“迪尔德丽，等等。你……我们对羊驼有多少了解？在斯特拉回来以前，农场里有谁听说过羊驼这种东西？斯特拉的这个方案的确很有潜力，可是也有风险啊。”

“当然会有风险，布欧，这是一个全新的产业。”迪尔德丽说道。

“目前我们不适合开创这样的新产业，”布欧都快喊出来了，“咱们的核心业务利润越来越薄，这才是咱们应该关心的地方啊。”

“布欧，维持旧有的业务不会改变最终衰亡的命运，在核心产业方面，咱们的利润以后会越来越薄。”

“迪尔德丽，咱们除了眼前的这些业务，别的都不会啊。”

“那就从头学起来。”

布欧的脸都快拧成一团了：“好吧，起码先考虑下这种新产业会带来什么样的问题。”

与布欧的对话令迪尔德丽心里很是不安。一方面，她觉得必须得把布欧留在温莎农场；可另一方面，要是他一点儿忙都不帮，反而成了阻力的话……

迪尔德丽仍然保持着镇定。她说：“斯特拉的计划方案做得很完美。另外，布欧，你没看出问题的重点在哪里，什么都不做才是最危险的事。”

布欧只是看着迪尔德丽头顶上的墙面，迪尔德丽知道布欧是强忍着不对她嗤之以鼻的。最后布欧说道：“咱们农场很可能会毁在这个方案上。”说完后，他就摇着头，

初级思考题

布欧为什么反对迅速启动高档羊毛业务？迪尔德丽对此是什么意见？

脚步沉重地走出了办公室。

迪尔德丽计划在周五晚上举办一次庆祝晚会。金点子活动非常成功，我们做到了，我们找到了需要的创意，下面就该行动起来了。

周五下午，迪尔德丽把方案被采用的好消息告诉了斯特拉。

“这件事说明啊，”斯特拉脸上洋溢着笑容，“好点

中级思考题

就你自己而言，你认为最好的创意来自什么地方？

子说不定会从什么地方冒出来。”

晚会跟迪尔德丽设想的一样，是一个热闹的聚会。在明亮的圆月下面，大家做游戏、跳舞、尽情吃喝。就连金点子大赛被淘汰的选手们也都向斯特拉表达了他们的祝贺。

斯特拉喜欢被大家重视的感觉。迪尔德丽则很欣赏斯特拉为晚会注入的活力。她为大家带来了秘鲁的音乐和图片，激起了大家对这种即将到来的动物的强烈兴趣，她甚至还领着大家做起了与羊驼有关的游戏。

晚会结束后，迪尔德丽去巡查农场边界，把几处大门都关好。她独自小步慢跑着，一边却在沉思。高档羊毛产业的确是个好主意，这一点她非常肯定。但是，脑中闪过的一个念头令她突然停下了脚步——迪尔德丽意识到，她竟然对明天要做的事全无头绪。就在这一瞬间她明白了一个道理：在任何一个改革的过程中，创意只是个开始而已。

高档羊毛方案庆祝晚会

08

新团队，新业务

第二天上午，迪尔德丽想找布欧谈谈下一步的措施，就出门去找他。最后，她在农场的一个角落里看到了布欧，但眼前的情景令她大吃一惊：布欧正在跟麦克基利库迪谈话，后者正坐在那台巨型拖拉机上。他们俩的谈话似乎很友好。但是，他们谈的是什么呢？

趁着布欧还没看到她，迪尔德丽返身回到了办公室里。过了不久，她又出门找他。这次布欧是独自一人在畜棚里，正在费心琢磨挤奶机上的一个小齿轮。

迪尔德丽开口道：“我一直在考虑让谁来负责新的

高档羊毛业务。”却对布欧与麦克基利库迪会面的事避而不谈。

“希望不是斯特拉，”布欧立刻答道，“她才刚从学

校里出来。”

“这个我同意，斯特拉还差点儿火候，其实我意中的人是雷克斯。”

“不行！”布欧的鼻孔里喷着白雾。“雷克斯是养牛产业的支柱。雷克斯，还有兰博和罗布，他们都不能动。”

“好吧，”迪尔德丽明白布欧说的是对的，于是就妥协了，“那么咱们就得找个既不是三大产业的主将，又有相应领导能力的人。”

刚说到这里，迪尔德丽突然想起一个人来。

“马尔夫怎么样？”她问道。

“马尔夫？”布欧用蹄子磕着地面，这是他思考时的习惯动作。“嗯……有点儿自大，”他自言自语道，“对传统的东西看不上眼，另外，他的经验还是少了点儿。”

迪尔德丽认真听着，觉得布欧的话很在理。

“但是从总体上来看，马尔夫可能是最佳人选。”布

欧最终结语道。

一个小时之后，马尔夫这匹年轻的公马就已经站在了迪尔德丽的办公桌前。

初级思考题

迪尔德丽和布欧为什么选择马尔夫来主管高档羊毛业务？

“我想让你来主管新的高档羊毛业务。”迪尔德丽对马尔夫说道。

什么？马尔夫的下巴都快掉下来了。我能独当一面了？这个职位太吸引人了，我可以自主作决定了！并且，如果能行的话，这可是连升两级啊。如此一来，我很可能会继迪尔德丽之后成为温莎农场的下一任掌门人；也许，我会成为农场有史以来最年轻的领袖也说不定。可是，我对羊驼的了解有多少呢？我只知道他们是一种来自外国的动物，有点儿像骆驼，又有点儿像羊，脖子很长，毛质很好。嗯，就这么多了。等等，我这是怎么了？胡思乱想什么？

“挺好的，”他最终开口道，“但是也有风险。迪尔德丽，你觉得这个项目成功的可能性有多大？”

初级思考题

在得知自己的新职位后，马尔夫为什么感到高兴？

“我更担心的是如果什么都不做的话，咱们农场能维持多久。”迪尔德丽答道。

“明白了，”马尔夫说道，“我再问一个直接点的问题：对咱们农场来说，高档羊毛业务是个全新的领域，你打算怎样来评价我的工作表现呢？”

“这个我暂时还拿不定主意。马尔夫，要是真有那么简单的话，我也不会找你来负责这个项目了。我知道它的风险很大。”

马尔夫看着迪尔德丽的眼睛。他在想，要是这个项目失败了，迪尔德丽会怎么想；接着他又想，如果我拒绝了这个职务，她会怎么想。

经过几天的思考，马尔夫的雄心壮志战胜了他的担心

中级思考题

马尔夫是主管高档羊毛部门的最佳人选吗？他应该接受这个职务吗？换作你，你会接受这个职务吗？

初级思考题

迪尔德丽为什么要让兰博领导马尔夫？

忧虑。他对迪尔德丽说："我接受这个职务。"

迪尔德丽很高兴。"那么，你就归在兰博那个部门吧。毕竟，羊驼毛业务也算属于羊毛产业。"

"好的。"马尔夫跟兰博的关系还算不错。

"你得组建自己的团队，"迪尔德丽继续说道，"农场里的人都有各自的分工了，所以你找的人得兼顾两个方面。"迪尔德丽考虑到，既然大家在金点子大赛时都那么踊跃，马尔夫应该不难找到愿意帮忙的人。

马尔夫离开后，迪尔德丽画了一张能够表明马尔夫职责和分工的组织结构图，并将其贴在了公告牌上。这份组织结构图看似非常好，但存在一个极大的未知因素：布欧尚未接受她提出的农场首席运营官这一职务。

一想到这个问题，迪尔德丽的心就特别乱。

在接下来的那次全员会议上，迪尔德丽向大家宣布了对马尔夫的任命。马尔夫对大家说他很快就会找几个人谈话，希望他们加入高档羊毛部门工作。大家都很兴奋。

然后是布欧讲话，跟以前一样，他仍是向大家汇报农

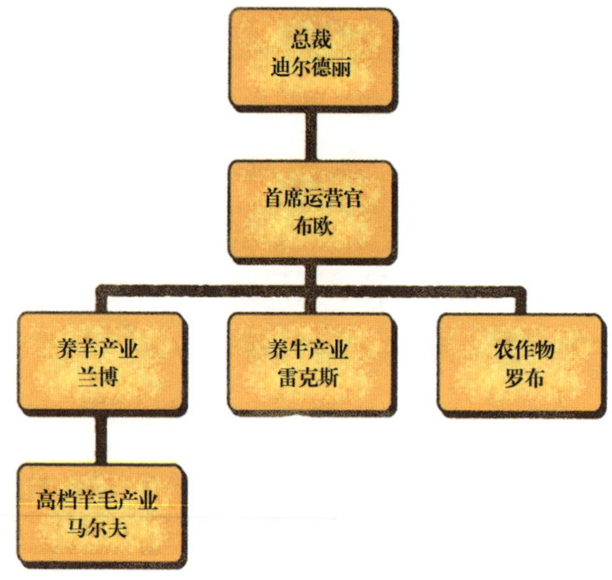

中级思考题

作为马尔夫的新上司，兰博应该如何帮他获取成功？

场近期的运营情况。

“伙计们，首先大家要明白，我们的根本并没有变。高档羊毛这个项目的确前景很好，它可能会在未来对我们有所帮助。但是我们的工作重心还是现在，我们降低生产成本的各项举措仍然至关重要。总之，最新的财政统计数字表明，我们必须继续努力工作。”

听到这里，大家都是一副失落的样子。布欧生气了，他前后腾跃，鼻息嗤嗤作响。通常情况下，他的讲话总能激起大家的斗志，但这次却不行。几周时间以来，大家的脑子里全是新点子、创新、未来；而现在，他的讲话又把

中级思考题

在这种时候，布欧是否应该提“我们必须继续努力工作”这句话？

大家拉回到了残酷的现实面前。其实对大多数人来说，未来也不过如此，同样得拼命工作。

第二天一大早，迪尔德丽就看到冈特在她办公室里等着见她，后者正不耐烦地用笔敲着自己长长的鸟喙。（前文曾经讲到过，冈特是一只火鸡。）“迪尔德丽，我刚刚看到了玉米的收入报表，比我预想的少很多啊。几个月前你没有给玉米定价，咱们一直都是提前几个月时间给作物定价的。”

迪尔德丽把这件事给忘了。就在她父亲去世的那段时间里，她本该把这个工作完成，可是她忘记了。这是一个巨大的失误，后果很严重。她想到了高档羊毛那个项目。

据斯特拉预计，那个项目只需用到农场现有资金的三分之一，然后就能盈利了。但是迪尔德丽犯下的这个愚蠢的大错加剧了问题的严重性。要是高档羊毛项目所需的投资超过了预期数值怎么办？如果需要更多的时间才能实现盈利怎么办？

真应了“祸不单行”那句话。午饭过后，麦克基利库迪来到迪尔德丽的办公室。迪尔德丽请他坐下，同时尽力掩饰自己的焦虑。

“我想买下你的农场，我给你开一个好价格。”说着，麦克基利库迪从工装裤的前面口袋里拿出一个信封，放在迪尔德丽面前的办公桌上。

“不卖。”迪尔德丽看都没看信封里是什么，直视着对方的眼睛说道。

“你会改变主意的。”麦克基利库迪说道，起身离开了。

迪尔德丽低头看着那个信封，它就正摆在那份糟糕的玉米收益报表旁边。她本想把信封甩手扔掉，却在好奇心的驱使下打开看了一眼。

迪尔德丽感到很惊讶，麦克基利库迪给出的价格还真不错。

09

引进外部专业人才

几周以后，一只端庄严肃的母羊坐在了马尔夫的对面，她是温莎农场的采购经理。马尔夫之前联系到了一个秘鲁的招聘人员，后者答应尽可能满足他对羊驼的需求量。而现在，马尔夫想让采购经理帮忙参谋参谋。虽说能找到这样一个招聘人员很不容易，但马尔夫觉得自己已经成功在望了。

但是采购经理有问题要问，有很多问题要问。她眯缝着眼睛看着马尔夫递给她的羊驼照片，问道：“这些羊驼有没有营养不良的情况？他们注射过各种疫苗了吗？你对秘鲁了解吗？”

“我学得够快的了，”马尔夫答道，“给我点儿信心吧，我可是连秘鲁语都不懂呢。”

“是西班牙语。”

“啊，对，西班牙语。”

“那位招聘人员，可靠吗？”她又问道。

“怎么可靠？”马尔夫反问道。

“马尔夫，你有没有详细咨询过，他给的价格是不是最好的？你怎么知道他的价格好不好？”

“有这么复杂吗？”马尔夫问道。

“你知不知道，要是有一丁点儿纰漏，我会有多大的麻烦？我们是有规章制度的！”采购经理说道，“还要有充分的理由！”

“你也知道这个项目有多么重要，”马尔夫反驳道，“温莎农场的未来就悬在这根线上了！咱们必须尽快行动起来。”

初级思考题

在创办高档羊毛业务过程中，马尔夫遇到的第一个障碍是什么？他是如何应对的？

“等你能回答我的问题时再来找我吧。”采购经理气冲冲地说，“再见，马先生。”

接着，马尔夫去了门上写着“AR”两个字母的办公室——畜力资源部。主任请他坐了下来。这位老主任总共生育抚养了14匹小马，这个世界上已经没有能让她感到惊讶的事了，可这次遇到了例外。

“真吓人。羊驼的薪水要这么高吗？”她问道，“他们不过就是产毛而已！”

“是高级毛！”马尔夫纠正道，“再说，羊驼的薪水早就在业务计划里通过了。”

“没人让我看那份报告啊。”

马尔夫的脸上有些挂不住了，但老主任还在继续说：“要是羊们知道羊驼的薪水是他们的两倍，他们会怎么想？”

“他们不会知道的。”马尔夫争辩道。

“得了吧，马尔夫，如果说我在AR这么多年只学到一件事的话，那就是每个人都知道别人能挣多少钱。”

接着，马尔夫又去了会计冈特那里，其实是冈特把马尔夫叫过去的，他想跟马尔夫谈谈方案里建设网站的事。

“我们以前也建设过网站，用不到这么多钱。这些花费都超出了预算。”

“哦，是这样。当初制订计划的时候没想到美工设计这块的额外花费。羊驼毛制品是奢侈品，网站设计也得有个奢华的样子才行。”

“马尔夫，这可不行。每个季度我都得上报农场的营业利润率，哪怕有1‰的差错，布欧也不会罢休的。”

这一天马尔夫最后拜访的人是梅兹，后者曾答应帮他制作一本精美的羊驼毛宣传手册。梅兹是整个农场唯一的“时尚中人”，并且她喜欢看各种时尚杂志，让她在营销宣传方面帮帮忙是再适合不过的了。

“来，谈谈你的想法。”马尔夫对梅兹说道。

梅兹摆弄着帽子上的花朵，对马尔夫说道：“马尔夫你知道的，我最爱设计宣传册这种活了。但是咱们现在的工作压力都太大了，我真是一点儿空都没有，再说，布欧那脾气你又不是不知道。”

从梅兹那里出来，马尔夫的心情沉到了谷底。他四处求助，四处碰壁。他生平第一次感觉到了失败的滋味。最后只能去求兰博帮忙。

“我尽力吧。”兰博对他说道。兰博仍然对把温莎农场的未来押在高档羊毛业务上面心存疑虑，但他曾答应过迪尔德丽，要尽力帮助马尔夫。

两周之后，马尔夫和兰博一起坐在了迪尔德丽面前，向她提交例行的进度报告。他们俩都非常紧张，原因很简单：他们都没有进度可以汇报。

中级思考题

那些给马尔夫制造阻力或麻烦的人，其动机是什么？兰博为什么帮不上忙？

迪尔德丽很少发怒，但这次她气坏了。她猛地从座位上站起来，力量之大，连转椅都滴溜溜地转了两圈才停下来。“为什么大家不帮忙？”她质问道，“我不是已经说得很明白了吗，新方案很重要！我不是说得很明白了吗，农场的未来全靠这个项目了！”

马尔夫离开迪尔德丽的办公室，很是郁闷，这种感觉很难承受。不管怎样，他都得在高档羊毛项目上取得进展，哪怕是违反了农场的规定也在所不惜！

回到办公室之后，他立刻给秘鲁的招聘人员打电话，让他招募12只羊驼过来。他本以为口头的协议就可以了，可对方却给他发来一份传真进行确认，而那时布欧恰好就在传真机的旁边。几秒钟之后，马尔夫就跟怒气冲冲的布欧眼瞪眼了。

当天深夜，布欧的愤怒和担忧仍无法释怀。在他看来，马尔夫简直胆大妄为。他想着，这匹小公马到底要借新项目的名义闯出什么大祸？在此过程中温莎农场会有什么样的损失？迪尔德丽会一直支持马尔夫吗？

布欧作了一个决定。他拿起电话，拨了麦克基利库迪的号码。

10

直接领导新部门

整个上午，迪尔德丽都在跟农场的畜禽们谈话，听他们对新项目的看法。每个人都说明白新项目对农场的重要性，可是，他们为什么不愿帮助马尔夫呢？

在不断的追问之下，迪尔德丽终于找到了问题的本质，也明白了大家内心的真正想法。是的，他们都知道高档羊毛业务很重要，但是，已有的核心产业更重要。

这是当然的。大家的业绩和薪金都是根据目前的工作情况评定的，而不是建立在未来假设的可能性上。他们也都明白，如果他们对现有的工作稍有懈怠，或者注意力稍有分散，农场的收益情况就会继续恶化。布欧几乎每天都在跟他们讲这个道理！

现在迪尔德丽已经明白了，大家不是懒惰，也不是拒绝创新，他们都是兢兢业业工作的好员工，他们都在尽己

所能地维持农场的运转。明白这一点之后，迪尔德丽对眼前的问题就有了把握。无论如何，她都得找到一个两全其美的方法，既能开展新业务，又能不影响现有的业务。

迪尔德丽一直都不喜欢看商务类的理论书籍，相比那些不痛不痒的理论叙述，她更喜欢从实践和挫折中学习经验教训，而眼下这个问题对她来说是之前从未遇到过的。于是，她上网买了几本书，并要求立刻发货、隔夜送达。

接下来的几天时间里，迪尔德丽埋头苦读。在她看来，这些书不过是辞藻华丽的普通常识而已。有些书写的是如何寻找新点子——可她已经有一个非常棒的新点子；有些书写的是如何把各种创意分类处理——可眼下她只有一个创意需要立刻启动。还有些书讲的与她眼下的情形很相似，这些书不约而同地提到了一个关键点：在这种情况下，马尔夫需要有个专门的团队，并且，迪尔德丽需要对其直接领导。

迪尔德丽很高兴，因为她找到了解决问题的办法。马尔夫在找大家帮忙时之所以总是碰壁，其根源在于马尔夫与布欧的矛盾，亦即现在与未来的矛盾。马尔夫的确很有才华，但说到对员工们的影响力，他比布欧可差远了。这根本不是一个级别的争斗。

迪尔德丽明白了：在改革过程中，为新部门任命一个领导者然后撒手不管是不正确的。

第二周，迪尔德丽把兰博和马尔夫叫到办公室里，对他们说："马尔夫，从现在开始你直接受我领导。"马尔夫点了点头。

"兰博，有问题吗？"迪尔德丽屏住了呼吸，不知道这只公羊会作何反应。

初级思考题

在读过很多关于企业革新的书之后，迪尔德丽学到了什么？

“开玩笑吧？我是真不愿管羊驼毛的事呢。”兰博很高兴，因为他终于可以扔掉这个让他头疼的包袱了。

“马尔夫，”迪尔德丽转向马尔夫说道，“我决定让你组建一个专门团队来开展业务。”

“哈，太棒了！”马尔夫立刻来了精神。他现在最需要的就是资源。

“想一想你要的人选，”迪尔德丽继续说道，“我来安排。”

只用了一天时间，马尔夫就想好了，他来向迪尔德丽汇报：“我想让梅兹来负责市场营销。她有时候是有些浮躁，但是她对奢侈品和时尚非常在行；另外，她有多年穿

中级思考题

迪尔德丽把优秀员工从核心业务中调到马尔夫的部门里是否合适？她是否还有别的选择？

初级思考题

马尔夫为什么要让梅兹加入自己的团队？

着高档羊毛制品的经验。”

“嗯。还有谁？”迪尔德丽说道。

“我想让我的弟弟马特来负责销售。”

“他比你小很多啊。”

“马特是个天生的说客，”马尔夫解释道，“我记得小时候他总让我辅导他做作业，可最后都是我替他做完了！”

“好的。”迪尔德丽说道，“还有谁？”

“我想让现在负责纺线的马克斯来管理生产环节。他喜爱纺织机械，了解纺织机械，只要有时间就会泡在纺线车间里。”

迪尔德丽明白这最后一个人选的必要性，但她也知道，兰博或布欧是不会放人的。

事实果然如此。迪尔德丽把马尔夫挑的人选告诉了布欧，后者立刻急了："迪尔德丽，不行。你怎么能把我最重要的三个员工抽走呢？"

迪尔德丽费尽口舌去劝布欧，她说没了梅兹影响不会太大，梅兹是个产奶高手，但跟她水平相当的奶牛还有很多；但在马特和马克斯这里难度就大多了，迪尔德丽说虽然这两个人很重要，但他们可以立刻培训两个人来接手他们的工作。布欧怒气难消，雷霆般冲出了办公室。

迪尔德丽看着墙上父亲的肖像画。工作时，想到身后

初级思考题

在迪尔德丽决定把马特、梅兹、马克斯调到马尔夫手下时，布欧的反应是什么？

就有父亲的画像，她总能坚强起来。她相信，尽管布欧仍然气愤、反对，尽管存在未知的风险，只要高档羊毛业务能迅速赢利，农场的未来就是光明的。

11

调整组织架构

“有空吗？”布欧走进办公室问道，“我有重要的事要跟你说。”

面对这种意料之外的来访，迪尔德丽只有叹气的份儿。“当然有空，布欧，坐吧。”虽说如此，迪尔德丽还是紧张起来，她又想起了那天看到布欧与麦克基利库迪融洽的谈话情景。要是布欧这次是来辞职的，她是应该挽留还是让他走？这件事，她真的做得了主吗？

“我拒绝了。”布欧说道。

“你拒绝了？”迪尔德丽的心跳变快了。

“我拒绝了别家农场的邀请。有三家农场给我很好的职位想拉我过去，麦克基利库迪甚至让我去做他农场的‘二把手’，比我在温莎的职权大得多。但我都拒绝了。”

“你拒绝了？”迪尔德丽都没发现自己是在反复说同一句话。

“温莎是我的家，你们都是我的家人。还有，迪尔德丽，你需要我。我答应你，我决定当你的首席运营官。”

“啊？”

布欧笑了，他喜欢看到迪尔德丽语无伦次的样子。

“我希望看到温莎兴旺起来，迪尔德丽。”布欧继续说道，“并且，我认为最好的方法就是更加努力地工作。我这辈子只相信一句话，那就是更快、更强、更高效。”布欧看着迪尔德丽的眼睛，说道，“说实话，我不看好高档羊毛业务。但是，我同意你的那句话——什么都不做才是最大的风险。”

“我明白了。”迪尔德丽说道。听到布欧如此坦诚的话，她感觉有点儿惊讶。

“所以，我要留下来。”

迪尔德丽的心终于放下去了。虽说她跟布欧有很多意

见相左的时候，但布欧是温莎农场不可或缺的一部分，他还是一个很好的朋友。迪尔德丽从办公桌后走出来，想给布欧一个拥抱。

“迪尔德丽，牛是不能抱的。”

“啊，对。”迪尔德丽说道。

与布欧的会谈结束后，又过了一个半小时，迪尔德丽召集了一次全员大会。很久以来，她终于又找到了轻松的感觉。但这种感觉并未持续太久。

在大会上迪尔德丽强调，要给新项目足够的自由度和

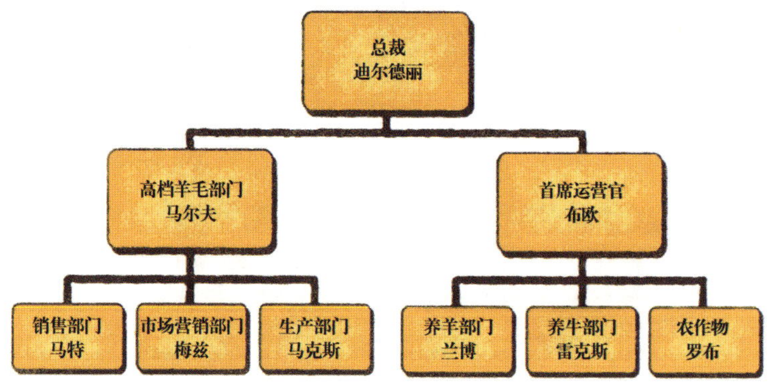

成长空间。“咱们要灵活处事，”她说道，“高档羊毛是温莎农场的新事物，所以我们要适当调整工作方式。我会更多地参与进来，确保新项目朝着正确的方向发展。”

“从今天开始，马尔夫将直接受我的领导，”迪尔德丽继续说道。听到这个消息，几只畜禽吃吃笑起来。“另外，梅兹、马特、马克斯三个人正式调到高档羊毛部门工作。”这次台底下嗡嗡的声音更大了，那可不是大家肚子饿了发出的声音，而是都在窃窃私语。

接着，迪尔德丽把调整后的组织结构图展示给大家看。

“迪尔德丽，现在正是最紧张的时候，”一只羊高声说道，“大家伙儿每天加班加点才刚刚保证农场能赢利。你现在又要把三个好员工抽走，我们的压力更大了啊！”

“抽走三个好员工的确有损生产力，”迪尔德丽解释道，“但是我们可以通过雇佣和晋升的方式再培养继任者。咱们得接受一个事实，那就是：作为一个企业，需要学会一心二用。咱们得在维持现有产业的基础上，去开拓

中级思考题

迪尔德丽曾提到："我们需要学会一心二用，得在维持现有产业的基础上，去开拓新的业务。"对一个公司来说，可能做到一心二用吗？

新的业务。布欧会跟你们讲讲如何把人员调整带来的损失降到最小。"

会后，迪尔德丽无意中听见三只母羊在饮水槽边八卦："我看啊……迪尔德丽太偏心了。"一只母羊说道，"看看全农场，为什么马尔夫——只有马尔夫——可以自己组建专门的团队啊？凭什么啊？"

"马库斯活着的时候要是有这种事，早就气疯了。"另一只母羊说道，"他可是个平等主义者。"

"我倒是纳闷，你说迪尔德丽为什么总护着马尔夫

初级思考题

对马尔夫组建新部门这件事，农场的畜禽们是什么意见？他们所猜测的迪尔德丽的动机是什么？

中级思考题

马尔夫真的得到迪尔德丽的优待了吗？其他畜禽是否受到了不公平对待？马尔夫和迪尔德丽应该站出来辟谣吗？如果需要的话，该怎么做？

啊？他倒是蛮英俊潇洒的，又跟迪尔德丽走得那么近，”第三只母羊小声说道，“会不会是，晚上……”

迪尔德丽叹了口气，转身向远处跑去。她知道，再完美的人也会遭遇流言蜚语和嫉妒不满的侵袭，在困难时期尤其如此。

迪尔德丽还有别的担心，温莎农场就要迎来新的面孔了。马尔夫刚刚对她说，第一批12只羊驼下周就会抵达。

12

整合内外资源

迪尔德丽把斯特拉叫到办公室里。她知道斯特拉一直因为没能入选高档羊毛部门而心里难过，毕竟，这是她的创意。但迪尔德丽对这位心爱的门徒有其他的安排。为使她对农场的各种业务有个直观的了解，她专门为斯特拉作了工作安排，让她从农作物部门开始轮流在每个主干部门工作半年。现在，到了“换岗位”的时候了。

“我要把你从农作物部门调到养羊部门工作，即时生效。”迪尔德丽说道，“你的主要工作是辅助兰博。”

“我会尽力的。”斯特拉答道，她喜欢这种被迪尔德丽看重的感觉。

迪尔德丽继续说道：“首批羊驼就要运抵温莎农场了。你对他们比较熟悉，我想让你帮助别的羊也跟他们熟悉起来。”

“没问题。”斯特拉很高兴能有份重要的工作去做。唯一伤心的是这份工作会让她睹物思人，更加想念亚历杭德罗。长期异地恋的难度远远超过了她的想象。

第二天，在马特的协助下，斯特拉与马尔夫说服了农场的畜禽们集合起来迎接羊驼的到来。早上起床，斯特拉就披上了亚历杭德罗送给她的那条围巾；她在农场里扯起了一条横幅，上面写着“热烈欢迎羊驼的到来”；她还为羊驼们专门烤了一个大蛋糕，梅兹则负责蛋糕的装饰点缀；她再三检查，确保欢迎宴会上的干草自助餐一切就绪。慢慢地，农场里的畜禽们都赶过来了，三五成群地站在畜棚附近等待着。

那辆长长的拖挂车终于来到了。司机把门打开，心中忐忑的羊驼们从斜板上鱼贯而下。他们看上去非常疲惫，却一副警惕的样子。

“欢迎！”斯特拉喊道。

有些农场成员也跟着欢呼起来，其他人则仍是惴惴不安。

斯特拉走到一只浅黄褐色的羊驼跟前，与他握了握蹄子，说道：“我叫斯特拉，见到你很高兴。”

然后她示意一只性格较为开朗的羊也照她的样子去做。那只羊慢慢走近羊驼，抬头，再抬头望过去，那只羊驼则尽力低下头，这样他们才能彼此看到对方的眼睛。

“Hola。”（西班牙语，你好）羊驼说道。

初级思考题

羊驼们到达温莎农场时，羊们是什么反应？

中级思考题

羊们为什么不喜欢羊驼?

那只羊腾地一下往后跳了一步，好像被蜇了一样，撒腿向牧场里跑去；其他的羊也受了感染，一窝蜂般落荒而逃。

斯特拉明白，见到羊驼们之后，大家心里都在想：这些奇怪的动物真的是农场的未来吗?

再看马尔夫这边，他现在可谓内外交困。自从迪尔德丽宣布了新的部门安排之后，大家都一直不待见他。“唷，直接受总裁领导啊，真行啊你。”雷克斯揶揄道。而当他去为羊驼申请好一点儿的牧地的时候，却遭到了兰博的拒绝；他不让羊和羊驼比邻而牧。马尔夫不愿让迪尔德丽出面帮他解决这些问题，害怕别人又说他得到了“特殊照顾”。

午饭过后，马尔夫领着羊驼们去他们的牧场。

一只羊驼注意到路边的牌子上写着“The Back Forty”［（大农场、庄园等的）边远地带的处女地，边沿尚未开垦或未开发的偏僻的大片土地］的字样，就指着那块牌子问旁边的同伴：“哎，啥意思？”被问的羊驼也是一脸茫然。

又过了几天，马尔夫和马克斯打算先剪下一只羊驼的

初级思考题

羊驼们被送到哪里牧养？为什么？

中级思考题

兰博为什么坚持让羊驼们到The Back Forty牧养？

毛，看看农场的纺织机械能不能加工处理这些羊驼毛。他们俩就去找兰博商量这件事。

“你想用我的纺织设备？”听到马尔夫的来意之后，兰博用刀刃般的语气说道，“你不是独立门户了吗，马尔夫？你现在有了自己的团队，还直接受迪尔德丽领导，还找我干什么？”

“兰博，你的意思是让农场再买进新的纺织设备吗？”马尔夫反驳道，“这笔投资现在咱们可承受不起。再说，要是让我真的白手起家把新项目做起来，那这辈子是没戏了。”

“我的业务安排容不得分心。”兰博说道，“何况农场里的羊马上就到该剪毛的时候了！你为什么不租些机器来用？”

马尔夫气得都想揍兰博一顿，但他忍住了。他想起了弟弟马特常用的伎俩：“兰博，好哥们儿，你主管的毛线纺织业务是这片地区最棒的，你也知道，咱们要是合作，效率会更高。”

可兰博仍然不为所动，正当他罗列拒绝马尔夫的各种理由时，斯特拉一脸失落地走了过来，打断了二人的谈话。

“我很担心羊驼们的情况。”斯特拉说道，“他们当中有些体重下降了，有的情绪消沉；他们也许更适合在山地上生活，但是‘The Back Forty’那片牧场的草不够他们吃的。并且，他们需要更大的活动空间。在我看来，他们过得并不顺心。”

“谁不是呢，”马尔夫咕哝道，“谁不是呢！”他明

白，必须得让迪尔德丽插手了。

当天晚上，在哄两个孩子上床睡觉之后，迪尔德丽又工作到了深夜。在此之前，她听了马尔夫和兰博关于是否共用牧场和纺织设备的争论。斯特拉也是习惯熬夜的人，这时她刚好路过，看到迪尔德丽的办公室门敞开着。

迪尔德丽也看到了门口的斯特拉，就朝她说道：“有时间吗？我想听听你的意见。”

斯特拉笑了。哇，农场老大要向我咨询意见哦。

“马尔夫说，你告诉他羊驼们在 The Back Forty 那边过得不顺心。你认为我们该怎么办？”

斯特拉对这个问题的解决方法早已胸有成竹，她毫不犹疑地说：“问题其实很简单，打通牧羊草场和 The Back Forty，让羊和羊驼们资源共用就行了。”

“羊和羊驼，在一块儿生活？”迪尔德丽反问道。可刚出口，她就忍不住笑了起来。斯特拉真是异想天开啊。

“一定可以的。”斯特拉向迪尔德丽保证道。

初级思考题

迪尔德丽为什么决定把羊和羊驼的牧养及毛纺织业务合在一起？

再晚些时候，迪尔德丽出去巡查农场，她反思了一下当初让高档羊毛业务专门组建一个新部门的决定。她原以为，只要部门成立了，一切就水到渠成了，可没想到又遇上了新的问题。

马尔夫若想取得进展，就得利用温莎农场现有的优势资源，比如牧地和纺织设备等，但这种事是很敏感的，所以他才会到处碰壁。迪尔德丽意识到，仅凭马尔夫的团队单打独斗是行不通的，得让负责农场核心业务的团队也参与进来才行。

第二天，迪尔德丽又画了一张新的组织结构图。然后她与布欧、兰博、马尔夫、马克斯一一会面，确保与他们

中级思考题

如果马尔夫的部门与农场的其他部门分开，独立门户的话，是否能获得成功？

达成一致意见。马尔夫的高档羊毛业务中，其销售和市场营销部门仍然独立运营，但从此刻开始，羊与羊驼的牧养，以及羊毛和羊驼毛的纺织工作将实施联合作业。

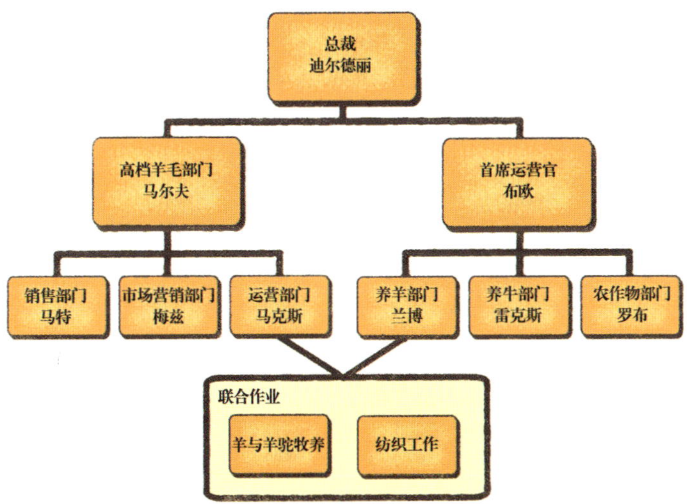

羊能拯救农场吗?

羊驼能拯救农场吗?

13

答案就在现场

兰博一路抱怨着来到 The Back Forty，打通羊和羊驼两处牧地简直让他心如刀割。哪有把羊和羊驼混牧这种事？这不是没事找事吗？

大门打开，可两边都不动弹，羊和羊驼都互相忌惮，

中级思考题

羊和羊驼的牧养和毛纺织业务合并运营，兰博对此是什么意见？为什么？

谁都不愿掺和到对方群里去。结果，羊们还是待在自己的牧场，羊驼们仍留在 The Back Forty。

“那些羊驼总是吐口水。”羊们低声私语道。没错，吐口水是骆驼科动物的习性之一，斯特拉刚到秘鲁时也是很久才习惯。

“那些羊到处拉屎。”羊驼们则这样说。“我们是爱吐口水，可至少我们统一在一个地方大便。”（羊驼生性洁净，具有定点排粪的生活习性，只在固定地点排粪。）

看到两边油水不容的样子，斯特拉知道自己该出面了。她回到自己的羊圈里，考虑怎样才能让羊和羊驼们和睦共处，但她的思绪很快就飘到了远在秘鲁的亚历杭德罗身上。

“斯——特——拉——”是梅兹在叫她。只见梅兹进得门来，在她面前转了两圈，向她展示自己的新裙子。但她立刻发现，闺蜜的心神好像不在这里，“斯特拉！你想什么呢？”

“在想亚历杭德罗。”斯特拉轻声叹道，“我在想，我们俩为什么能相处得那么好。”

“真的？跟我说说。”梅兹说道。

斯特拉解释道：“亚历杭德罗不喜欢在剪毛之后遇到冰冷的夜晚，我也是；要是总吃青草，他就会觉得腻，我也是；他喜欢热闹，我也是。”

“哇，真浪漫。”梅兹柔声说道。

斯特拉突然间有了主意。她要让羊和羊驼们看到彼此的相同之处，只要他们彼此有了了解，就一定可以融洽相处。

于是，斯特拉先走到羊群里，对他们说羊驼是一种很温顺的动物，虽说他们总爱跟同类待在一起，但只要跟他们熟悉起来，他们就很好相处。接着她又去羊驼那边，说羊的性格很温和，很容易相处，并且喜欢成群结队行动……斯特拉就这样来回奔波游说了好几个小时。

很快，羊和羊驼就渐渐熟络起来了，甚至彼此开起了

初级思考题

斯特拉的独门绝技是什么？

友善的玩笑。

“哎，下面的气候怎么样？”一只羊驼取笑起了羊的身高。

那只羊则反驳说：“虽说我们的脖子不长，可是能贡献两种产品：羊毛和羊奶。你们呢？只有一种本事而已。”

看到眼前的情景，兰博只得承认：羊和羊驼混牧的确是可行的，情况比他预想的简单多了，往羊群里加入12只羊驼，跟加入12只羊似乎没什么两样。他对马尔夫说：“我很高兴，也挺惊讶。”

“我早就告诉过你了嘛，哥们儿。”马尔夫咧嘴笑道。他感到轻松了很多，也许，他跟兰博之间的紧张感可以消除了。

然而事实并非如此。很快，他们的关系就变得比先前更糟了。

几天后，兰博走进纺织车间，满以为会看到一如往常的高效运转情况，然而眼前的情景几乎让他发狂。整个车间一片混乱，地上一堆堆纠缠在一起的毛线，纺织机也卡住了，纺织工人们都快疯了。

“这是怎么了？”兰博厉声问道。

“都怪这该死的羊驼毛，”负责纺织工作的头羊恨恨地说道，“咱们的机器处理不了这种纤维，也应付不了这么多种类的毛线。”

“什么意思？很多种毛线？”

头羊抹了一把额头上的汗水，答道：“不同血统的羊驼，长出的毛就不一样，就是同一只羊驼，不同部位的毛也会不同。另外，我们还得把不同等级和重量的羊驼毛仔

细分类，因为它们的价格很不一样。”

兰博摇头叹息。

“还有，”头羊继续说道，“价格最高的那种顶级羊驼毛，它们的纤维太细了，加工难度非常大，稍不小心就会出现分叉和绽裂，所以要对机器的力度重新调整。也就是说，要么我们重新设置纺织设备，要么就得由人工来做。还有……”

“够了。”兰博说道，接着他命令纺织部门停工一天。

斯特拉目睹了纺织车间混乱的一天，看到兰博下令停工，她想到了亚历杭德罗。“快帮帮我啊，”她给亚历杭德罗发短信道，“你认识懂羊驼毛纺织的专家吗？”

五分钟后亚历杭德罗回复了短信：“我联系下我叔叔，他在纺织业干了一辈子。”

在跟亚历杭德罗的叔叔通过电话之后，斯特拉明白了问题的所在。

兰博目前的工作方式，目的是以最高效率处理大量羊毛，他的纺织团队里包括各种专家，他们各自负责加工流程中的某一件事：分类、除去劣质毛、清洗、拉毛、梳理、引捻、纺纱、缠绕、整理、装货……

而在秘鲁，纺织品专家不是按步骤分类，而是按产品分类。比如说，亚历杭德罗的叔叔手下就有分管不同羊驼毛等级和重量的专家：普通羊驼毛制品、高档羊驼毛制

初级思考题

羊驼毛纺成毛线的难度为什么那么大？

品、羊驼毛奢侈品，等等。每种专家负责某种羊驼毛的全部处理过程。

斯特拉立刻明白了眼前这个问题的结局。要让兰博的团队同时加工处理羊毛和羊驼毛是不可能的，这两种毛的处理方式有天壤之别。

她立刻去找马尔夫和兰博，打算把自己知道的事情告诉他们。找到他们的时候，这俩人正吵得不可开交。“羊毛和羊驼毛联合作业是不可能的，”兰博大声说道，“太麻烦了！”

“这个问题咱们已经讨论过了！农场不可能再花钱去买昂贵的纺织设备，另外开设一个车间了！”马尔夫失望地反驳道。他就不明白了，为什么羊和羊驼混牧可以，羊毛和羊驼毛一起处理就不行呢？

斯特拉向他们俩仔细讲述了自己了解到的新知识，以此来平息他们的争执。马尔夫尽管还是有些不服气，但也似乎转过弯来了。然后他想，不论花多少钱，都得买一台专门处理羊驼毛的设备了。

很快马尔夫就把这个提议向迪尔德丽作了汇报，后者认真倾听了马尔夫的理由，并问了几个问题。迪尔德丽意识到，从目前单一的生产力中为新部门调配资源是不大可能了。一想到这些计划外的花费，她就深深地担心。但是她别无选择，于是就同意了马尔夫的提议，批准他购买一

中级思考题

迪尔德丽决定投入资金再去建设一个纺织车间专供处理羊驼毛使用，你觉得这个决策怎样？

台专门处理羊驼毛的纺织设备。

当天晚上，趁着两个儿子看电视的空，迪尔德丽对农场的组织结构图再次作了调整。

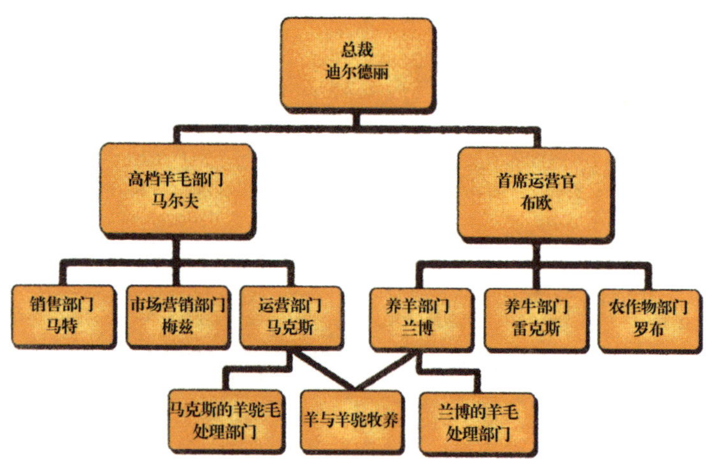

14

聘请营销专家

迪尔德丽批准购买新的纺织设备之后，几周时间过去了，有一天她来到办公室，发现农场的会计冈特正在门前来回踱着步子等她。迪尔德丽请他坐下，但冈特拒绝了，迪尔德丽注意到，今天冈特翅膀下面别了七八支铅笔。

“咱们得谈谈农场的现金流转和储蓄余额的情况，”冈特咯咯叫道，“我可以说，咱们还有足够的资金可以投在高档羊毛项目上，但是也不是很多了。”

“我知道，”迪尔德丽说道，“我正在想办法。”

现在，迪尔德丽觉得自己需要有个备用计划了，万一新项目失败了，好歹能让农场存活下去。冈特离开后，她立刻拿起了电话。她想跟几个银行经理和投资商联系下，看看能不能借到贷款或拉来投资；让他们往温莎农场投钱难度太大了，可她必须试一试。

与此同时，马尔夫、马特和梅兹也赶去与他们的第一个潜在客户会面，那人名叫露辛达，真的是个人类。在马克斯的管理下，羊驼毛的加工已经正常运转起来了，所以马尔夫就把精力放在了销售和市场营销上。

露辛达把他们三个迎进自己雅致的办公室里。

“我的披肩好看吧？”梅兹突然感情迸发，她在原地转了两圈以向露辛达展示她披的羊驼毛大披肩，却差点把一个昂贵的花瓶碰倒在地。虽然天气较热，她还是逼着马尔夫和马特跟她一样穿上了温莎农场出品的羊驼毛衣物。

“你们的高档羊驼毛线很快就能上市了吧？”露辛达开门见山地说道。

听到这句话，梅兹立刻把一本精美的宣传画册从办公桌上面推了过去。小册子里的内容都是她自己的时尚创意：外套、长裤、毛衣、帽子……一个比一个花哨。“想一想，如果您的顾客穿上这些服饰将会多么漂亮帅气。”梅兹自夸道。

马尔夫和马特都认为梅兹的宣传画册就跟他们的羊驼毛样品一样，都能打动客户的心。

露辛达瞥了一眼桌子上的小册子，转头对马尔夫说：“跟我说说你们毛纺部门的情况吧。”

马尔夫还未来得及开口，梅兹就热情洋溢地插嘴道：“这绝对是您见过的最柔软的毛线了，不信您自己摸摸看！”她猛地扯下马特脖子上的围巾递给露辛达。接着她指着宣传画册里一条花卉图案的围巾对露辛达说：“您要是披上这条围巾，一定很漂亮！”

露辛达根本不搭理梅兹，她又对马尔夫说了一遍：“跟我说说你们毛纺部门的情况吧。”

“目前我们生产的羊驼毛线有三种。”马尔夫答道。

“能染色吗？”露辛达问道，“能为客户定制吗？你们一次出货量最大是多少？……多长时间能出一次货？……”

马尔夫一一作答，自认为回答的还算满意。

会谈结束时，露辛达又跟马尔夫私下说了几句话：“我挺喜欢梅兹，她很有魅力的。”她嘴上这么说，可马尔夫能听出来她对梅兹的夸奖全是假话。“但是我们有自己的设计师，他们都是专业人士。”

马特开车载着马尔夫和梅兹回温莎农场，在路上，梅兹忙着在她的时尚笔记簿里写写画画，马尔夫又翻了翻那本宣传画册。这一次，他是站在客户的角度去看的：他的客户都是制造商，不是只关心时尚潮流的顾客。马尔夫明白，梅兹多年以来阅读时尚杂志和穿戴时尚服饰的“经验”并不是他需要的东西。他想找斯特拉帮忙研究一下。

马尔夫与斯特拉一直工作到深夜。马尔夫又泡了一杯浓浓的苜蓿茶，斯特拉则在一边认真浏览秘鲁纺织行业刊物上的各类文章。马尔夫觉得很幸运，斯特拉在秘鲁旅行时学会了一点儿西班牙语，这下可帮了大忙了。

“马尔夫，看！”斯特拉指着一则新闻的标题，翻译给他说：“高档羊毛年度营销人物。”文章附了这个荣誉获得者的一张照片，她名叫安德莉亚，是一个衣着成熟高雅、面带冷傲的母羊驼。马尔夫与斯特拉都觉得应该给她打个电话求教一下。而他们第二天打出的这个电话，却为农场带来了翻天覆地的变化。

打完电话之后，马尔夫就立刻找到迪尔德丽，向她汇报了自己和斯特拉的想法。

“什么？”听完马尔夫的提议，迪尔德丽愣了。

“我们想从秘鲁请一位专家加入我们的管理层。”马尔夫重复道。接着他向迪尔德丽汇报了安德莉亚给新项目提出的意见和建议，还挑明了梅兹无法胜任这项工作这个事实。而这位秘鲁的“高档羊毛年度营销人物”竟然答应到温莎农场来工作！这简直是天上掉馅饼了！

“因为她想体验下国外的生活。”马尔夫解释道。

“这事儿可不好说。”迪尔德丽说道，“雇用羊驼来农场当一般员工是一回事，让一只羊驼进入管理层就是另一回事了。这样的话，‘家族经营’的规矩就被破坏了。”

“可农场里找不到能胜任这份工作的人啊。”马尔夫劝道。

当天晚上，在哄两个儿子睡觉的时候，托马斯问她可不可以让他报名参加“建筑夏令营”。“昆虫夏令营怎么样？”迪尔德丽问道。不久之前托马斯还觉得长大了当一个昆虫学家是很酷的。“明天早晨咱们再商量吧。”

接着迪尔德丽出门去巡查农场，她已把这段时间当成了自己的思考时间。她想到了两个可爱的儿子，托马斯跟他哥哥拉塞尔太不一样了，拉塞尔早就决定长大后要在温莎农场里工作，就像他的外公和妈妈一样。所以，她完全可以像对待成年人一样对待拉塞尔，因为她知道他想做什么、学什么。可是抚养托马斯就难多了，她对他没有一个清晰的把握，只能尽力保证他有丰富的经历、能多接触一些杰出人物。

迪尔德丽突然想到，经营高档羊毛产业是否就像抚育托马斯一样呢？似乎有点儿道理。不论采取何种方法来经营这个新项目，对温莎农场来说都是全新的；从迪尔德丽的经验中找不到任何先例，因为高档羊毛产业完全是个新生事物。

迪尔德丽意识到，其实开创一个新的业务部门跟从零开始创办一个全新的公司是一样的。她不知道这个新部门该如何运营，她无法事无巨细给予指导（当然马尔夫也做不到）。她能做的只是召集合适的人选，再提供成功所需的各种条件。也就是说，作为高档羊毛产业的新兵，她得把能找到的最好的人才招募进来，而不能把眼光局限在农场内部。

从搬家到安定下来，安德莉亚一共用了10天时间；而得知自己从高档羊毛营销职位上离职的梅兹也从头到尾哭了10天。当时迪尔德丽、马尔夫跟梅兹一起坐在农舍的台阶上，把这个消息通知了她。

“你永远都是我们最重要的成员。”迪尔德丽安慰这位产奶高手道。

“我们会想办法把你留在高档羊毛部门的。”马尔夫说道。

但梅兹哭得更厉害了，把手里的宣传画册抛了一地。

梅兹并不是唯一心中郁闷的人。安德莉亚也是。她从马尔夫、马特、马克斯那里了解到高档羊毛部门的运营情

初级思考题

马尔夫为什么要让安德莉亚取代梅兹的工作？

况，立刻就烦了：

“马克斯，为什么你们只生产三种产品？”她质问道，“客户需要的是各种颜色、不同重量、不同柔软度、不同价位的毛线。”

马克斯叹了一口气。他已经给这只羊驼解释过无数遍了，“安德莉亚，产品种类越少，生产效率越高。你也看到温莎农场的情况了，你也看到我们的经营多么困难了。这其实就是我们成功的原因，是我们能坚持到现在的关键。”

安德莉亚叹了一口气。她已经给这只公羊解释过无数遍了：“马克斯，毛线的成本不是决定因素；当产品上升到奢侈品这一层面时，成本就更在考虑范围之外了。我们需要考虑的是生产出客户需要的产品。”

在面对马特时，安德莉亚给他看了一张列有数百个小规模的毛料服装制造商的名单。“你跟其中多少人联系过、推销过我们的产品？”她问道。

“有用吗？”马特反问道，“这些公司太小了，我们只需签下几个大公司就万事大吉了。”

“那是推销羊毛产品的做法，”安德莉亚说道，“只需要找准几个大客户和大经销商就行了，因为小点的公司都会从他们那里进货。但在羊驼毛行业是没有总经销商的，这个市场太小了，他们没兴趣，所以我们就得直接面

初级思考题

安德莉亚对高档羊毛业务作了哪些调整？

对小客户。”

马特盯着安德莉亚，觉得她的脑子出了问题。“我哪有时间去拜访这么多人？”

“很简单，马特，去组建一个销售队伍吧。”

“这个花销太大了，不大可能。”

“我再说一遍，当产品上升到奢侈品这一层面时，成本就更在考虑范围之外了！”安德莉亚觉得这几个人根本

中级思考题

安德莉亚提出将生产成本置于考虑范围以外，若是布欧、兰博或会计冈特听到这个意见，会作何反应？

没听她在说什么。“还有，”她又补充道，“羊驼毛市场上，超过三分之二是小客户。”

在阐明了自己的观点之后，安德莉亚一挥手把漂亮的围巾甩在肩膀上，趾高气扬地离开了。她感觉很沮丧，要不是顾及自己优雅的形象，她真想吐他们一脸唾沫。

中级思考题

马尔夫和迪尔德丽是否应该给安德莉亚那么大的决策权？安德莉亚的权力这么大，高档羊毛部门的其他人员会怎么想？

安德莉亚能拯救农场吗?

15

新老部门矛盾冲突不断

马尔夫向迪尔德丽汇报了安德莉亚与马特、马克斯的争执，他该怎么办？

迪尔德丽考虑了一会儿，得出的结论是：安德莉亚在温莎农场的影响力的确太小，但她确实是羊驼毛营销方面的权威，她的意见是对的。迪尔德丽把她的想法告诉了马尔夫。

马尔夫回去告诉马特和马克斯，从现在开始，安德莉亚将负责选择客户并决定产品的种类。马特和马克斯都同意了，但心里很不舒服。让出权力的滋味很不好受。

半年之后，温莎农场的羊驼毛线已经做到了每天都能出货，订单的数量在持续增长。为了满足需求，马尔夫就不断招募新的羊驼进来，现在他们的数量已经跟羊的数量相当了。

迪尔德丽每天早上都会到羊驼毛纺织车间外的公告栏前，看看马尔夫贴在那里的客户意见。上面总是这样的话：

这是我穿过的最好的毛衣！

太柔软了！

质量极好！

世界一流！

看起来马尔夫的羊驼毛业务已经步入正轨了。很长时间了，迪尔德丽终于可以放心地让马尔夫独自管理羊驼毛部门，而她得以把精力放在农场的其他事务上。

然而，不久新的问题又来了：温莎农场适应不了如此快的发展速度。先前马尔夫和兰博也没有作好牧养这么多羊驼的准备，牧场变得拥挤起来。马尔夫让负责牧养的工作人员尽量保证羊驼的需求，而兰博则要求他们把工作重心放在羊身上。

更糟的是，有些羊驼在看到马尔夫张贴的客户好评之后自大起来，觉得他们很了不起。这种情况在一只新来的羊驼身上尤其明显，他叫阿尔文，总是喜欢取笑羊们。

“来，摸一把感受一下，然后找个角落去哭吧。”他炫耀着自己一身厚实的好毛，对羊们说道，“知道吗？这才叫世界级的、一流的、顶级的毛。”

还有一次，他爬上一个小山丘，对下面的三只羊喊道：“抬头看吧，我就是农场的未来！”他的嘴都乐得咧到了耳根子上。

一天，斯特拉听到牧羊的草地上传来争吵的声音。“你把话收回去！”一只羊愤怒地叫道，还用身体撞着一只羊驼。

“怎么了？恐羊？”那只羊驼嘲弄道，“害怕有一天会被我们淘汰，像恐龙一样灭绝吗？”

羊们被惹怒了。牧场里若是只有少数几只羊驼，可以；跟他们共处一地若只是个短暂的尝试，也可以；但是现在牧场几乎被这种动物占领了。另有一件事是羊们最气愤不过的，那就是羊驼的个子太高了，总是低着头看他们！

这种紧张关系愈演愈烈，在一次激烈的冲突之后，羊们怒气冲冲地转移到了牧场的一侧，羊驼们则集中在牧场的另一侧，两边似乎就要开战了。

在此期间斯特拉一直在两边斡旋，一心想帮助他们和解，看到战事已经到了一触即发的时候，她知道自己必须

初级思考题

羊和羊驼为什么争吵？

采取行动了。她把身子夹在两个群中间，大声劝解着。虽说精神可嘉，但见效甚微。最后，她想到一个好主意。

“吃饼干啦！”斯特拉一边在牧场里奔跑着一边喊道。听到有饼干吃，羊们立刻高兴起来；羊驼们却是一脸茫然。斯特拉突然意识到羊驼们的外语都不大好，于是又喊道：“Galletas！ Galletas！”（西班牙语，饼干。）“免费的饼干！Galletas！只要大家和平相处就能吃到免费的饼干！”

就这样，一场犹如箭在弦上的战争很快被平息下来了，不过只是暂时的。

当天晚上，斯特拉感觉非常沮丧。她制止了一场群殴，她平息了一次紧张局势，但这份成功的背后也有付出。为了给大家烘制饼干，她被迫放弃了与恋人亚历杭德罗电话聊天。

一天时间还没过去，两边又斗起来了。斯特拉的饼干策略起到的作用非常短暂。

马尔夫对此非常头疼，于是去找迪尔德丽商量对策。

中级思考题

高档羊毛业务发展顺利，这应该是件值得庆贺的事，但为什么羊和羊驼之间的矛盾越来越深？发生什么事了？

迪尔德丽又把兰博和布欧叫到办公室里来。布欧看了看墙上马库斯的肖像画，心中一阵刺痛，唉，真怀念过去那种简单的生活，那种只把“更快、更强、更高效”作为唯一目标的日子啊。

这次会议同样充满了火药味。“要么羊离开，要么羊驼离开，两个里只能留一个！”兰博突然发难。“另外，迪尔德丽，你知道谁在这里的资格更老，你知道谁才是你的家人！”

布欧也说道：“是的，迪尔德丽。羊驼只会给咱们惹乱子。咱们应付不了他们。”

马尔夫的耳朵抽动着，他简直不敢相信自己的耳朵。“当初是大家一致同意开创这个新项目的。现在，刚刚有了起色，我们不能就这么放弃！一定有办法的！”

几天过后，迪尔德丽想到了一个解决办法。她到牧羊的草地上去找兰博，后者刚刚制止了一起羊与羊驼的斗殴事件。迪尔德丽等了一下，让他把脸上的羊驼口水擦掉。

“还记得咱们的老朋友巴特斯特吗，经营切尔西农场的那匹马？”迪尔德丽说道，“他同意让我们的羊到他的草场里放牧，但要收取一定费用。”

“可那样又要花钱了！”兰博反对道，“我的奖金是跟利润率挂钩的！”

“我会改一下你的奖金计算方式，这样你就不会有损失了。”迪尔德丽安慰他道。

“羊们是不会喜欢到外面放牧的。”兰博还在嘟囔。

“如果一只有才华的公羊去给他们讲讲道理的话，”迪尔德丽笑道，“他们是会理解的。”迪尔德丽早就学会了取悦公羊的方法。

突然之间，牧场上的羊和羊驼又打起来了。

“闪开，毛脸。”

“啊！”

“把你的臭蹄子拿开！”

迪尔德丽看到，一只羊倒在了地上，一只羊驼的蹄子正踩在他的头上，她立刻飞奔过去。

“住蹄！”她怒喝道，眼睛盯着那只羊驼。

那只羊驼很不习惯被人俯视的感觉（迪尔德丽是匹马），又被农场老大盯得心里发毛，他立刻收回了蹄子。迪尔德丽发怒了。

她跃上一个干草垛，这样就能让全牧场的羊和羊驼看得到她。“多少天了，”她说道，“除了闹事打架我就没看见你们消停过！我能理解大家心里的想法。高档羊驼毛是一个很难运作的产业，羊驼是一种很特别的动物，并且，牧场里的确变得拥挤了。”

迪尔德丽慢慢扫视着下面的听众，把大家的注意力都集中到她这里来。

“但是你们都没看到最重要的事：你们是同一个战壕里的战友。你们彼此离了谁都不行。羊驼们，你们知道经营高档羊毛产业的投资是从哪里来的吗？大部分钱都是卖羊毛羊奶换来的！还有，别忘了，你们原先在 The Back

Forty 过得很苦，是羊们让你们到他们的草地上来的！”

羊驼们纷纷低下了头。

“羊们，你们还记得当初我们为什么要把羊驼找来吗？因为如果没有这个新项目，咱们的家族农场就再也维持不下去了！”

羊们纷纷露出羞愧的模样。

“你们知道昨天谁到我们农场来了吗？”迪尔德丽的声音高了很多，“是麦克基利库迪！他又来逼我卖农场了。他说，要是我们现在不卖的话，再过一两年，等我们真的维持不下去了，就会求着他买了。伙伴们，他说的是实话啊！”

羊们慌了神。他们是绝不愿意到麦克基利库迪手下干活的，那太惨了。

羊驼们也明白了形势的严峻。就连一贯狂妄自大的阿尔文也露出了羞愧的样子。

迪尔德丽从干草垛上跳下来，心知已经把道理说通了。现在她意识到，不论愿意与否，她的心思是片刻都不能离开这个新项目了。她所扮演的角色太重要了。她明白，矛盾冲突都是难免的，正因为如此，在新部门和现有各部门之间建立一种良好的合作关系就尤其重要。

初级思考题

迪尔德丽是如何将羊和羊驼拉拢到一起的？她采取了哪些具体措施来缓和双方的冲突？

中级思考题

迪尔德丽是否应该介入、消解羊和羊驼的争斗？难道这不是马尔夫和兰博分内的事吗？你觉得迪尔德丽暂时从切尔西农场租借牧场的方法怎么样？

16

商业实验第一定律：学习第一，收益第二

星期一，一大早就有电话响起。斯特拉接起电话：“亚历杭德罗！怎么这么早打电话啊？”斯特拉一边讲，一边满脸笑意地看着桌子上的相框，照片上是亚历杭德罗英俊的脸庞。

“斯特拉，我有个想法。”亚历杭德罗说道。

“哦？”斯特拉的心跳快了起来。

“我想让你到秘鲁来。”

“啊？”斯特拉一下子愣住了。这个她可毫无心理准备，或者，她也曾有过这样的幻想？

“没有你在身边，生活都没有乐趣。”亚历杭德罗说道。

斯特拉其实也有这种感觉，但是她还有别的考虑。“我在秘鲁能干什么呢？”她大声问道。

“什么意思？”

“我是说，我能做什么？总不能整天游山玩水吧？”

“你爱干什么就干什么啊。其实，要是你不愿意，就不用出去工作。我刚刚晋升了，不缺那点钱。”

斯特拉答应他会好好考虑一下。

跟斯特拉的电话同时响起的，还有迪尔德丽的电话。打电话过来的是某个银行的客户经理。

“嗯，你的高档羊毛业务……挺不错的……”对方的声音似乎毫无生气，“但是它带来的风险怎么样我们无法得知。所以，只能祝你好运了。”

迪尔德丽恨不得把电话摔出去，这已经是她接到的第三个拒绝贷款的电话了。她手里的资金快耗尽了，所以，高档羊毛项目必须成功才行。

迪尔德丽稳住心神，拿起会计冈特昨天送来的最新财务报告。高档羊毛项目现在仍是入不敷出的，虽说订单的数量正在增加，但新业务迟迟没有盈利的迹象。

迪尔德丽又花了一个小时，重新审查了一遍高档羊毛项目的原始计划表，看起来新项目的进展已经远远落后于计划了；可是，这份计划还有什么用呢，一路上都不知道临时调整过多少次了。

迪尔德丽觉得应该找个人咨询一下了。这个人得是完全客观的、最为理性的一个，就像爱因斯坦那样。

毫无疑问，迪尔德丽是在实验室里找到爱因斯坦的。

中级思考题

迪尔德丽为什么觉得对高档羊毛部门的进展进行评估很困难？

他正沉醉在自己的科研之中。迪尔德丽对他说："我想听听你的意见。"

"意料之中！"这只公鸡啼了一声，把显微镜推到了一边。每当别人赏识他的智慧，他就有种满足感。于是，迪尔德丽就请爱因斯坦一起见见马尔夫。

第二天的会议上，马尔夫把订单的复印件交给迪尔德丽和爱因斯坦，让他们审阅。他心里却在纳闷，这只怪鸟到这里来做什么？"每天从精品服装制造商那里收到的订单都能增加三四个，"马尔夫汇报道，"安德莉亚制定的针对小客户的营销策略很成功。"

"很好。"迪尔德丽说道，接着她把那份计划书拿了出来，"但是我们今天要谈的是你的计划完成得怎么样了。"

马尔夫顿时感觉如坐针毡，他知道，迪尔德丽对自己部门的经营情况一清二楚，所以耍花枪是没有用的。

"那份计划是按当时最好的情况预测的。可是，你也知道咱这是摸着石头过河。最初的预计太乐观了点儿。”

“马尔夫，跟其他几个产业相比，你的计划连八字都没写完一撇，”迪尔德丽说道，“我刚刚审查过养牛产业的情况，他们的计划完成情况就非常理想。”

马尔夫抓起桌上的“野马”牌能量饮料大喝了两口。屋里怎么这么热？“啊？嗯，很好。但是迪尔德丽，高档羊毛部门自从成立以来经历了太多变动，比如说生产的产品种类多了很多、营销策略发生了改变……”

“在这个新项目上的投资已经超过预期了，”迪尔德丽反驳道，“你们还要多久才能盈利？”

这个，马尔夫还真不知道。他现在整天忙着抓经营、管理团队、拜访客户、完善生产环节，还要抽时间调解羊和羊驼之间的纠纷，他都记不清自己多久没有好好睡一觉了。都忙得焦头烂额了，哪有时间去修正计划呢。

“我想问个问题。”爱因斯坦终于开口了，之前他只是埋头擦拭自己的眼镜片。“当初你们俩启动这个实验项目……”

“这不是个实验项目，爱因斯坦。”迪尔德丽打断了他的话，“农场的未来全押在这个项目上面呢。”

爱因斯坦半好奇半恼怒地看了看迪尔德丽，对这两匹马的智商颇感失望。也许，最好的策略就是用问题来引导他们思考了。

他对二人说道：“对我们农场来说，高档的羊驼毛产业是不是个全新的事物？”

迪尔德丽和马尔夫一起点了点头。

“启动这个项目的时候，你们对结果有没有肯定的把握？”爱因斯坦继续问道。

“没有。”迪尔德丽答道。

“一点儿把握都没有。”马尔夫也说。

“这就叫实验项目嘛。”爱因斯坦轻抚着下喙处的肉裙，得意地下了结论。他喜欢这种证明自己正确的感觉。

“你对这个项目的设想是什么？”爱因斯坦又问道。

“爱因斯坦，这是做生意，不是在研究培育转基因的鸡！”马尔夫生气了。

“爱因斯坦，你继续说。”迪尔德丽倒是产生了兴趣。

“假设！”爱因斯坦说道，“任何一个实验都是从一个假设开始的。那是对要达成的目标的一系列设想，其实就是对业务获得成功的预期。”

“这么说的话，我们有，”马尔夫辩驳道，“我们有计划。说的就是我们对成功的预期。”

“它证明了你的假设是正确的？”

“还没有。”马尔夫答道。

“什么意思？”

“计划一直在调整。”

“你改动了当初的假设？”爱因斯坦问道。

“可以这么说。”

爱因斯坦大怒：“马尔夫，有了计划就得严格遵守，怎么能凭自己的喜好随便更改呢？太随意了。这样怎能从实验中得到经验教训？”

马尔夫叹道：“爱因斯坦，我们不是在写实验报告。我们的目的是挣钱，不是去得诺贝尔奖。”

嗯，诺贝尔奖……爱因斯坦默默想道。获得这个至高的荣誉一直是他不告诉别人的野心。但是现在，怎么才能把自己的想法解释明白呢？这只公鸡开始拍打着翅膀蹦来跳去——这是他常用的帮助思考的方式，但现在，只是用来拖延时间罢了。

突然，他停了下来。“有了！”他咯咯叫道，“你们一定听说过商业实验项目的第一定律吧。”听爱因斯坦的

初级思考题

在爱因斯坦看来，实验项目是由什么组成的？

中级思考题

在你看来，马尔夫为什么没有紧紧围绕原初的计划行事？是因为他很忙、无暇顾及吗？像科学实验一样严格按计划操作可能吗？

口气，好像是个有脑子的人就该知道这个道理，其实他只是临时编出来的而已。

马尔夫和迪尔德丽摇了摇头。

“学习第一，收益第二。”爱因斯坦说道。

茫然的眼神。

“学习第一，收益第二！学习第一，收益第二！学习第一，收益第二！”他大声咯咯叫道。

更加茫然的眼神。

“是这样，”爱因斯坦解释道，“如果你把学习——从严格的实验项目中学习——放在第一位，以后就能作出更明智的决策，收益也就水到渠成了。学习是收益的前奏。”

马尔夫突然想，要是布欧听到这句话会作何反应。恐怕好不到哪里去。然而迪尔德丽却兴趣浓厚。“爱因斯坦，这句话什么意思？照你说的话，我们怎么做才能把学习放在第一位呢？”

“你问的是怎么做才能从实验中学到东西？”爱因斯坦意识到他对这两位“学生”的智商还是估计过高了。他又开始拍打着翅膀蹦来跳去，这次只是为了显出自己的

初级思考题

爱因斯坦提出的第一定律是什么？

了不起。“第一，作出假设；第二，推测可能的结果；第三，对实际结果进行评价；第四，对比实际结果和假设，总结经验教训。”

马尔夫仍然云里雾里摸不着头脑，但迪尔德丽听懂了。

“爱因斯坦，你说得很有道理，”她说道，“我想让你跟马尔夫一起……”

“什么？”马尔夫正在猛喝能量饮料，听到这句话几乎把嘴里的饮料喷出来。

迪尔德丽对他的反应视若不见，继续说道："爱因斯坦，我想让你帮助马尔夫总结一下，迄今为止我们从高档羊毛业务中收获了什么经验教训。你要帮他就当前情况作出一个合理的假设；你要帮他就未来的资金周转情况作出一个科学的预测。"

爱因斯坦站在椅子靠背上，故作矜持地说道："可是我的实验室工作……转基因……"

"羊驼毛业务更重要。"迪尔德丽打断了爱因斯坦的话，注视着这只古怪的公鸡说道。现在可不是讨价还价、耍花枪的时候。"要是高档羊毛业务失败了，你就得跟实验室彻底说再见了。"

听完这句话，爱因斯坦生平第一次变得哑口无言。

17

商业实验第二定律：把社会化营销项目化

合作伊始，爱因斯坦就递给马尔夫一张白纸，对他说：“咱们得重新制订一个业务计划。”

“制订计划的工作量很大啊。”马尔夫说道，他都快被眼前的文件给淹没了。

“跟农场的其他业务相比，高档羊毛项目要困难得多，”爱因斯坦解释道，“并且，咱们不能使用现成的计划模板。”

于是，他们俩把业务计划写了下来，并对经过调整的部分作了标记。接着，爱因斯坦监督着马尔夫严格按照计划行事。他逼着马尔夫把每一个取得的进展都当作“发展动向”记下来，这样就能迅速发现新迹象、获得新的经验。

“从现在开始，咱们每个月碰一次头，”爱因斯坦强调说，“审查最新的统计数据，总结经验教训，讨论必要的调整。”

“是啊，我最喜欢开会了。”马尔夫苦着脸揶揄道。

“Au contraire。（法语，恰恰相反。）”爱因斯坦喜欢在说话时加点儿法语进去。我跟迪尔德丽说了，从现在开始，你不用跟其他部门的主管一样参加定期的例会了。开始她还不同意，但我的逻辑把她征服了。”

“你的逻辑……”马尔夫双蹄抱头作痛苦状。

“高档羊毛业务是个实验项目，”爱因斯坦说道，“其他的业务不是。它们都是存在多年的老产业了，跟咱们的情况不一样。迪尔德丽要求我们每次审查完计划进展之后就向她汇报一次，而咱们俩的会面是为了确保业务进

展不会偏离。

又一个月时间过去了。一天上午，马尔夫正在办公室里看财务报表，这时传来两下刺耳的敲门声，这是安德莉亚独有的敲门方式。跟往常一样，这只母羊驼未等马尔夫开口说请进就径自走了进来。

“咱们该启动社交媒体宣传了，”安德莉亚开门见山地说道，连“你好”这样的客套话都省了，“温莎农场的绝大多数畜禽竟然连‘畜畜网’和‘毳博’都没用过，更不用说当前最火的骆驼科网站‘喷唾网’了。”

马尔夫点头同意了，他早就听说过社交媒体的威力。

“所以我想雇用一位市场营销助理，”安德莉亚说道，“她得保证时刻在线，为我们的高档羊毛产品作宣传。”

“你没喝多吧？”马尔夫问道。雇用新人就得花钱，而钱正是眼下最缺的东西。

“我们必须每时每刻向圈子里的朋友们——那些对高档羊驼毛产品感兴趣的人——提供最新的信息，不然的话，他们很快就会失去兴趣。”安德莉亚解释道，“可惜我没有那么多时间上网。”

马尔夫知道安德莉亚说得对，但现在真是拿不出钱来请人了。

“马尔夫，如果能把社交媒体利用起来，咱们的业务就能迈上一个新台阶。并且，综合利用各种社交媒体是投入最少、回报最多的推广宣传方式。”

突然，马尔夫的脑中闪过一个人影：“梅兹！”

“梅兹？”安德莉亚愣了一下，“怎么了？”

但她马上就明白了马尔夫的意思，随即咧嘴笑了起来，这可是马尔夫从未见过的。“对啊，梅兹！”安德莉亚兴奋地说，“我怎么就没想起她来呢！”

“梅兹绝对可以胜任这份工作，”马尔夫说道，“她对网络的热情正是我们需要的。”

当天晚上，马尔夫把这件事告诉了爱因斯坦。经过几周的合作，公马和公鸡已经建立了一种彼此敬佩的和睦关系。马尔夫从爱因斯坦那里明白了掌管实验项目时验收计划的重要性；爱因斯坦则从马尔夫身上看到了一位优秀商业领导人所需的素质。

“梅兹在网络宣传推广上投入的时间应该算是对原始计划的调整。”爱因斯坦提醒马尔夫。

“咱们不能总是忙着分析，”马尔夫说道，“不管遇到什么新动向，都得尽快去了解掌握。”

听到这句话，爱因斯坦的心里感到一阵暖意。这匹年轻公马真的把他的意见和建议听进去了。“是的。当然！”爱因斯坦激动地甩掉了几根羽毛。“你可以把社交媒体营销当作一个独立实验。”

“什么意思？”

爱因斯坦思考了一下。他觉得自己得把这个概念解释得深入浅出，让那些不像他这样聪明的人也能听懂才行。“你还记得托马斯小时候玩的那个毛绒玩具吗？”

“嗯，记得。”马尔夫很奇怪，爱因斯坦怎么变得这么多愁善感了？

“那是一个毛绒狗，”爱因斯坦继续说道，“但是这个玩具很特别，要是打开它肚子上的盖子，就能取出6个小毛绒狗来。”

“哎哟，看看这是几点了……”马尔夫轻敲着怀表说道。

“别急，马上就说到重点了！”爱因斯坦拍打着翅膀上蹦下跳。自从第一次从迪尔德丽办公室里见识过这只公鸡的奇异习惯之后，马尔夫就见怪不怪了。“这就是商业实验项目的第二定律！”爱因斯坦咯咯叫道。他怕马尔夫发现这是他情急之中编出来的东西，于是迅速往下说。

“在一个实验项目中，有很多小的实验项目。”他解释道。

“哦，你的意思是说，我们可以把这个社交媒体营销当成一个独立的小项目？”马尔夫问道。

“是的，把它当成大项目的一个组成部分。到时候咱们再对这个独立项目进行评估，看看可行不可行？每一笔

初级思考题

爱因斯坦给了马尔夫什么样的计划建议？爱因斯坦提出的第二定律是什么？

中级思考题

马尔夫向迪尔德丽保证，他会尽快、用最少的花费对社交媒体营销这个独立项目进行评估，迪尔德丽应该接受吗？

重要花费都要仔细审查。”

马尔夫立刻向迪尔德丽汇报了这件事，此外还给她讲了爱因斯坦提到的审查重要花费的问题。

“马尔夫，依你看社交媒体营销是不是一个好主意？”

“我只能向你保证，我们会尽快、用最少的花费对它进行评估。”

这时迪尔德丽听到窗外传来闷雷般的隆隆声。她向外望去，看到麦克基利库迪正把巨型拖拉机停在道路的尽头。怎样才能抵御他的威胁呢？

“就按你说的做吧。”她对马尔夫说道。

18

商业实验第三定律：严格执行计划

几周后的一个晚上，斯特拉失眠了。她看见梅兹的畜栏里还亮着灯，就悄悄走了过去。梅兹正在埋头工作，忙着更新她的“畜畜网”状态。

“斯特拉，是你呀。”梅兹热情地向她打招呼。

“喜欢你的新工作吗？”斯特拉问道。

“简直太棒了！”梅兹夸张地赞道。从马尔夫和安德莉亚任命她为社交媒体营销主管以来，她就全身心地扑在了上面。现在她的付出也有了回报。她让斯特拉看了一些数据，这些数据表明，在社交媒体的影响下，关注羊驼毛产品的人越来越多。

“你都想象不到网络世界里有多少时尚大师，”梅兹说道，“我真后悔没早点儿接触‘畜畜网’，现在我认识了很多新朋友。”

斯特拉笑了笑。梅兹看出斯特拉有些不对劲，就问道：“你有心事？”

“刚才，我跟亚历杭德罗分手了。”

“什么？”梅兹大吃一惊，“太可惜了。到底怎么回事？”

“亚历杭德罗让我去秘鲁。但我觉得那样就会留下太多遗憾，我不能为了他把什么都放弃。”

“好了，好了。”梅兹安慰她说，“还会有别的好羊……或者羊驼的。啊，多么美好的时代啊！”梅兹笑道。

“梅兹，谢谢你。”斯特拉擦去脸上的眼泪，对她说道。

“等一下，我有东西送给你。”

梅兹在畜栏一角的大堆衣物中翻找着，拿出了一顶自己设计的新帽子，当然，是用温莎农场的羊驼毛线做成的，上面还插着一枝郁金香。她把帽子戴在斯特拉的头上。

“太美了！”梅兹说道，“戴这个帽子出门，追求者会抢你抢破头的！”

迪尔德丽办公桌上放着四份年度绩效考评报告，养牛部门、养羊部门、农作物部门这三处的情况都很乐观，都在其主管的领导下基本完成了原先制订的计划。在温莎农场，计划就是诺言，她的父亲就极为看重这一点，而迪尔德丽很高兴看到这三个部门都实现了各自的诺言。

另外一份是马尔夫的。

迪尔德丽又看了看布欧夹在报告中的字条，上写：“第一次见到如此溃败。是不是考虑换个人来领导高档羊毛部门？”

迪尔德丽一脸苦相。也许布欧是正确的。到现在为止，高档羊毛产业还未能盈利；实际上，这个原本应当为农场扭转局面的实验项目反而加速了农场的衰落。迪尔德丽知道，改革大都是一个先抑后扬的过程，但在迎来转机之前，农场会下沉到什么地步？

另外她还知道，跟其他部门的主管相比，马尔夫的压力是最大的；所以，对他的考评应该有单独的标准。但是该用什么样的标准呢？只要是温莎农场的员工，就必须接受工作考评，毫无例外。她把爱因斯坦叫到办公室，问道：“我要跟你谈谈，你能保守秘密吗？”

爱因斯坦做了个给嘴巴上锁的动作，然后把虚构的钥匙扔到了脑后。

“我正在看马尔夫的业绩报告，很差。马尔夫一共对原处的计划作了两次改动，一再降低自己诺言的标准。即使如此，他离实现目标也还差十万八千里。并且，他的花费已经远远超过了预期。很显然，”说到这里迪尔德丽叹了口气，“他失败了。”

“很显然，你错了。”爱因斯坦摸了摸高高的鸡冠，对迪尔德丽说道。

迪尔德丽吃了一惊：“爱因斯坦，我一直都很欣赏你的坦诚。为我解释一下吧。”

“是谁把农场的未来押在高档羊毛项目上的？”

“是我。”

“如果改革失败了，谁应该负责？”

“我。”

“马尔夫的工作是什么？”

“执行我的决策。”迪尔德丽的答案脱口而出。

“这句话倒像是布欧口里说的一样。”爱因斯坦说道。

“那又怎么了？布欧的工作非常出色。他认真踏实，业绩很好。”迪尔德丽反驳道。

“对！农场离不开布欧。但是布欧的做事方法是不能复制到改革者身上的。”

“你的意思是说马尔夫不应该为失败承担责任？”

“不。马尔夫跟其他人一样，都要接受公平而严格的考核。”看到迪尔德丽无法理解他的意思，爱因斯坦心急火燎，他拍打着翅膀上蹦下跳，借机来思考如何解释这个问题。

“哎呀我的天啊，你别闹了。”迪尔德丽快受不了了。

“迪尔德丽，”爱因斯坦又扇了下翅膀才消停下来，“我跟你讲过商业实验项目的第三定律吗？”他心里想，一般的定律都是由三条组成的，这个瞎话编得简直天衣无缝。

迪尔德丽觉得头疼，她伸手去拿抽屉里的阿司匹林。

“改革者的责任是严格遵守计划。”

“就这么简单？”

“可不简单！只要能严格执行计划，就能迅速积累经验教训，少走弯路。只要能迅速积累经验教训，就能取得成功！即使失败了，也能把损失降到最小。”

“但是我喜欢数字。有了统计数字，一眼就能看明白运营的情况。”说这话的时候迪尔德丽想起了农场最近的财务报表，那上面的数字可并不喜人。“你的意思是说，马尔夫不应该为新项目的失败负责？”说到这里，迪尔德丽又想起了儿子拉塞尔，这沮丧的语气就跟他不会做数学作业时说的话一样。

“也不全是。”爱因斯坦解释道，“只要是情理之中、把握以内的结果，你都可以让他来负责任。他的职责中有一部分是属于这种类型。比如说，你可以让他就牧养羊驼的资金控制问题来负责，因为这项工作跟牧养普通的羊没什么区别。但是他有很多工作都是全新的、无法把握的，那就不能让他负责任了。”

“再给我详细讲一讲。在一个商业实验项目中，责任

初级思考题

在爱因斯坦看来，迪尔德丽什么时候才能对马尔夫的业绩进行评价？如何评价？爱因斯坦提出的第三定律是什么？

是怎样评定的？”

“问得好。”爱因斯坦趾高气扬地踱到墙边的白板跟前，把它擦干净，然后在上方写上了“如何评估创新项目主管的业绩表现”，接着开始讲课。

两个小时之后，爱因斯坦回实验室去了，迪尔德丽也作了充足的准备，要跟马尔夫谈谈他的业绩表现。

“马尔夫，咱们都知道，你完不成计划了。”迪尔德丽开口道。马尔夫突然一身冷汗。“但我知道，我不能仅凭那些统计数字就给你作出业绩评估。”

“吁——”马尔夫顿时释怀，长舒了一口气。这可是

个好消息，真的！长久以来，温莎农场一直用计划的完成情况来评价主管人员的工作业绩，也许作为一个创新项目的主管，迪尔德丽会为他开个特例？这样的话，万一羊驼毛产业失败了，他就可以以此当借口推脱责任了！

“马尔夫，我打算把你的业绩评价再拖后几个月，”迪尔德丽继续说道，“在此期间，我会密切观察、评定你

如何执行计划。你将作为一个创新项目主管来接受业绩评估。”

“具体的评估条目是怎样的？”马尔夫问道。

迪尔德丽笑了，想起了刚才爱因斯坦写在白板上的长长一列评估条目。她开始一一向马尔夫阐述。

“你要有一个明确的项目假设；

“你要对重要的未知问题有个清晰的了解；

“你要在作计划、结果分析，总结经验教训方面投入大量时间和精力；

“你要让部门里的所有人都了解项目计划和其中的每一个假设的情况。我会对他们随机抽查，看看他们能不能清楚明白地答上来。

“你要能够迅速应对新情况；

“对你所作出的决策，我会更多地询问其究竟；

“对你所作的决策，你要有真真切切能站得住脚的理由；

“今后你要更及时地向我汇报进展情况。”

中级思考题

马尔夫失败了吗？如果布欧是农场的总裁，你觉得马尔夫现在是什么结局？

…………

迪尔德丽滔滔不绝地讲着，马尔夫则忙着记笔记，他发现，在这种考评规则下，他这个实验项目主管的日子可不好过。

19

未来会怎样？

几个月后……

“哈哈，我做到了！”马尔夫想道，难以控制心中的喜悦，撒着蹄子跑出了迪尔德丽的办公室。说实话，作为高档羊毛部门的主管，开始的几个月他过得太憋屈了。不过，现在他已经恢复了自信，甚至感觉比以前更强大了！迪尔德丽刚刚高度评价了他的业绩表现呢。

在爱因斯坦的帮助下，他严格按照计划行事；先前迪尔德丽列出的那些考核条目，他每一条都做到了！每一笔投资都用到了刀刃上，他和团队成员时刻都在快速成长……想到这里，马尔夫再也控制不住自己的心情了，他很想得意地大笑一场："哟嘿——哈哈哈哈……"

马尔夫兴奋地在牧场里飞驰，抒发着心中的畅快之情，同时也在回顾，他和自己的团队竟然能在这么短的时间里华丽变身：在市场营销方面，在安德莉亚的努力之下，四分之三的目标客户对温莎农场的羊驼毛产品产生了兴趣，并且几乎都表达出了订货意向；在销售方面，马特不断为销售团队招募新兵，产品销量也大大增加了，更棒的是，他们的产品不再是打折扣才卖得出去的状态，甚至可以适当提价了！

在社交媒体营销方面，梅兹每天都能给他们拉来零散客户，此举大大降低了他们的销售成本；另外还有，马克斯和马尔夫熬过了很多个长夜，完善了生产流程的各个环节，既降低了生产成本，又提高了产品质量！

马尔夫看见兰博、雷克斯和罗布在远处草场上吃午

初级思考题

高档羊毛业务已经开始取得进展，可大家为什么讨厌马尔夫？

饭，就放慢步速，走到了近旁。

“今天晚上打牌吗？”他对三个哥们儿说道。

他们转过身，走了。

马尔夫的好心情一下被破坏了。他从美梦中醒了过来：农场的生活，就是压力和紧张无处不在的、漫长的日子啊。迪尔德丽和布欧绞尽脑汁想着挣钱，大家的压力都太大，没有人在乎他的业绩表现好还是不好。但有一件事，全农场的人都非常在乎，那就是他的项目仍然入不敷出。所以，连他的朋友们都把这些不顺心的事怪在他的头上！

刚刚送走了兴高采烈的马尔夫，迪尔德丽办公室的门又被敲响了。是会计冈特，这只火鸡的脸色很难看，就像脸被人烤了一样。

“我们得谈谈了。”冈特说道。

迪尔德丽的心一下子沉了下来。

“怎么了？”她忐忑地问道。

两个小时过后，他们的闭门会谈终于结束了，迪尔德丽也知道该做什么了。她不愿再去给大家施加压力，但她别无选择了。迪尔德丽吃了两片阿司匹林，长长地吸了一口气，然后召集农场全员大会。

农场的畜禽们在牧场上集合，畜类的尾巴都焦虑地摇摆着。兰博、雷克斯、罗布一起站在人群的正前方，惴惴不安的羊们挤在最后面，看上去就像一朵大白云，梅兹和斯特拉站在一群内心忐忑的羊驼中间。每个人的脸上都鲜明地写着“焦虑”这两个字。

“怎么了？”罗布嘟囔道，“迪尔德丽不会是想让咱们到小孩们的生日宴会上去表演来挣钱吧？”

19 未来会怎样？

罗布对农场最新采取的精简成本措施一直心怀不满。就在上周，迪尔德丽还让他在农场大门处贴了一张广告，让农场里的马去给人拉车。在他看来，这根本是在向外面说——温莎农场已经到穷途末路了。太丢脸了！

雷克斯和兰博同样愤懑。迪尔德丽不仅让他们加班，还在关键环节上减扣花费，比如肥料。大家都觉得这么做简直不可理喻。你现在在肥料上节省，损失的是长远的未来啊。

看到大家都来全了，迪尔德丽走到一个矮的干草垛后面，将其当作讲台。布欧、马尔夫和爱因斯坦则站在她的身后。他们沉重的表情都表明，这次会议的内容并不乐观。马尔夫环视着在场的人们，心中忐忑不安。

“请安静！”迪尔德丽说道，“大家都知道，最近温莎农场正面对着严重的资金短缺问题。”

梅兹一下子哭出声来，又立刻捂住了嘴巴。跟大家一样，她在过去几周时间里一直提心吊胆的。迪尔德丽接下来会说什么呢，不就是农场已经要完蛋了吗？虽说如此，梅兹还是正了正帽子，表情也变得勇敢起来。她也许会失业，甚至会被迫去为讨厌的麦克基利库迪工作，但她不会怯懦。

“在这段艰难的时期，大家都表现出了无畏的勇气和无与伦比的聪明才智，”迪尔德丽继续说道，“首先，我要向冈特表示感谢。他尽量延迟供货商的付款期限，尽早从顾客那里收回货款，还从银行那里争取到了信贷额度，为我们赢得了宝贵的资金缓冲空间。”

冈特站在原先被当作砧板的一个台子上，谦虚地向大家点头示意，但表情依然阴沉。

“但只有冈特的努力是不够的，”迪尔德丽继续说道，“接下来的日子会更加困难，我们不能有丝毫懈怠。大家得再加一把劲！”

“啥？”一个声音打断了迪尔德丽的话，“你开什么玩笑？！”

“我们熬不住了！”另一个声音说道。

一只羊驼忍不住吐了口唾沫，接着抿起嘴说：“对不起。”

“我有个办法。”罗布大声喊道，声音中带着怒气。

“罗布，闭嘴。”布欧说道，走到迪尔德丽身边。

“为什么不把羊驼们赶走？”罗布不顾布欧的警告继续说道，毕竟，总得有人把事情挑明吧。“那样的话，资金短缺的问题就立刻解决了。光是他们的工资，我们每个月要花掉好几千美元，羊驼毛产业的成本还那么高！”

“对！”兰博也附和道，“太对了！”其他畜禽也纷纷响应。

“赶走外国佬，恢复老样子！”

“都怪羊驼！”

“还有马尔夫，让他下台！”有人朝马尔夫的方向扔来一个烂苹果。马尔夫从未见过这种阵势，他受到了惊吓，几乎要逃跑。迪尔德丽看了看马尔夫，示意

中级思考题

你认为要获得民意的支持，马尔夫该怎么做（即使是在压力最大的时候）？

他沉住气。

这时，站在马尔夫旁边的爱因斯坦扑打起了翅膀。天啊，就连傻瓜都能看出来，整个农场成员的紧张情绪已经快要爆发了。当然，一切都在他这个天才的预料之中。当新项目胜利在望时，总会因为各种问题引发紧张的内部情绪。蓬勃发展的业务必定是要占用大量资源的。

“安静，安静！”爱因斯坦大声叫道，更加用力地扑打着翅膀，但亢奋的人群依然如故。爱因斯坦意识到，不给他们点颜色看看是不行了，于是他飞过一堵矮墙，落在了墙头上。

大家的下巴都惊得掉了下来，全场顿时鸦雀无声。这只鸡，会飞？

“嗯，很好，”爱因斯坦喘着粗气说道，“我有话要说，很重要。”他往鼻梁上推了推眼镜，又猛吸了几口气，“听完我的话，你们就会真正明白咱们的羊驼毛产业了。”

迪尔德丽被爱因斯坦的戏剧化出场逗笑了。他是唯一真正看到新项目积极一面的人，当然是向大家作解释的最佳人选。大家拥上前来，都想听听农场的天才人物会说什么。

“开辟高档羊毛产业是一个大胆的实验，”爱因斯坦讲道，“你们当中有些人希望放弃它，这是可以理解的。”他的话语直指罗布，“是的，我们现在面对太大的压力；是的，新项目现在入不敷出。但是，你们知道对现在的温莎来说，最紧要的事是什么吗？”

爱因斯坦停顿了一下，享受着这种万众瞩目的满足感。

“那就是——未来会是什么样！”说着，他猛地扯下旁边一个公告板上的遮布，将一个U形曲线图展现在大家面前。

“看！”爱因斯坦用翅膀拍了拍这块公告板，“曲线是向上延展的！高档羊毛业务马上就要成功了。”

接着，爱因斯坦向大家详细讲述了他和马尔夫是如何评估、解决新项目遇到的关键的不确定因素的。他很肯

中级思考题

在向大家解释高档羊毛业务正在良性发展这件事上，爱因斯坦是否为最佳人选？为什么？

定，只需要3个月时间，高档羊毛产业就能盈利了。

“朋友们，”爱因斯坦结语道，“咱们必须竭尽所能，坚持到那一天。”说完，他便拍打着翅膀向实验室的方向飞去。

爱因斯坦华丽谢幕之后，迪尔德丽走上前来。她环视着在场的畜禽们，有的仍然面带犹疑，有的在不安地窃窃私语。她知道，爱因斯坦的话已经产生了影响。他所列举的事实和数据，已经在理智上征服了他们；而在情感上征服大家的任务，就得由她来做了。

迪尔德丽缓缓地走回矮墙那边，慢慢积淀着情绪；

大家则停下了交谈，默默注视着她。迪尔德丽想起了温莎农场的历史，想起了父亲马库斯交给她的重担。接着，她开口说道："你们觉得容易吗？"她轻声反问道，"当初温莎一家人放弃了农场，JP接手的时候，你们觉得容易吗？"她停顿了一下，让大家能够认真思考一下这个问题。

"是的，JP是很聪明，"她继续说道，"是的，他极富自信。但是大家想一想，提出'温莎农场，畜禽自营'这个梦想需要多么大的勇气？在当时，这个想法太大胆了……太不可思议了……不管是人类还是畜禽，都不相信他能成功。

"现在咱们的情况是一样的。创建高档羊毛业务，很难，但没有当初JP开创畜禽自营的农场那么难。大家不要忘了，几十年来，兢兢业业的工作保证了我们的繁荣，但没有当初JP的改革，哪有咱们的今天呢？"

迪尔德丽最后一句话刚刚说完，梅兹就哭出声来了。但这次，她流下的是欣慰的泪水。并且流泪的不止她，就连“三人组”也感动得抹起了眼角。再坚持三个月就行了！迪尔德丽迎上斯特拉的眼光，无声地对她说了句谢谢，她会永远记得，正是这只年轻母羊给她带来了高档羊毛这个创意。

牧场上畜禽们的负面情绪已经消除了，他们激动地交谈起来。这时迪尔德丽示意马尔夫走到矮墙这边来。作为新部门的主管，他扛下了最艰难的几个月，现在该让大家明白他的价值了。

还有布欧，她又示意布欧也到她身边来。“更快，更强，更高效。”农场里的每只畜禽都明白，要是没有布欧，温莎农场不可能存活到今天。迪尔德丽请大家安静下来，打算让大家向她的左膀右臂致意。

还没等迪尔德丽发话，就有人喊了一句：“为马尔夫欢呼！”

“还有布欧！”另一个声音喊道。

“迪尔德丽万岁！”又一个声音喊道。

“嚯——哟——哟——”

大会在一片欢呼、拥抱和击掌中结束了。迪尔德丽笑着宣布散会，对大家说道：“现在，大家都回去工作吧。”

谁成功拯救了农场？

又过了几个月……

斯特拉和梅兹并肩朝畜棚旁的通道走去，温莎农场的员工们将在那里集合，参加一个特殊的活动。路上，梅兹注意到很多羊跟羊驼在一起散步聊天。

“多么温馨啊，”梅兹轻叹道，却又意识到这句话可能会触及斯特拉的伤心事，忙改口道，“斯特拉，对不起。”她拧着自己的帽子，向斯特拉道歉道，“我知道，你跟亚历杭德罗分手后很难过……”

“没事儿，”斯特拉安慰梅兹道。就在这时，她的手机响了。

“嗨，迈克尔，”斯特拉接起电话，温柔地说道，“亲爱的，下班后给你打过去。”接着挂掉电话，把电话装了回去。

“亲爱的？”梅兹一头雾水，“这个亲爱的是谁？”

“迈克尔在切尔西农场工作，”斯特拉解释道，“我们是几周前在一个畜棚舞会上认识的。”

“哦——”梅兹又拧起了帽子，不过这次是因为高兴。“他怎么样？”

“嗯，很有魅力、幽默、个子挺高……”

“高？”梅兹追问道。

“啊，没有‘那么’高！”斯特拉答道。

说着笑着，她们来到了集合地点，跟大家站在了一起。

迪尔德丽把麦克基利库迪让进办公室里，却没有说话，她在等着对方先开口。

“我知道你现在的日子不好过，”麦克基利库迪终于开口了，他说道，“你在银行里已经一分钱都没有了。”

“继续说。”迪尔德丽说道。

“我曾很多次要买你的农场，给的价格都很好。”麦克基利库迪摘下帽子，轻抚着光溜溜的头皮说道，“那时你就不该拒绝我的意思。现在，你已经没有退路了。”

“你又要来买我的农场吗？”

跟以前一样，麦克基利库迪从工装裤的前袋里拿出了一个信封。

“你想让我当面给你答复吗？”迪尔德丽问道。

“行啊。”麦克基利库迪答道。

迪尔德丽瞅了一眼上面的数字。

“这可比以前你给的价格低多了。”迪尔德丽说道。

“当然，情况也跟以前不一样了嘛。”

迪尔德丽默默地看着她的邻居、她的竞争对手。

“迪尔德丽，”麦克基利库迪继续说道，“你觉得会有人给你更高的价格吗？”

“你觉得呢？”迪尔德丽反问道。

沉默。

“好吧。你觉得我给的价格怎么样？”麦克基利库迪最后问道。

迪尔德丽暗自愉快地轻敲着蹄子。有些事情她知道，但麦克基利库迪不知道。她知道，她刚刚买下了一块新牧场，用于放牧数量激增的羊驼；她还知道，温莎农场的羊驼毛业务正在高速增长。就在几个月前，高档羊毛部门首次盈利，新项目的发展势头一路向上，当初的创意终于开始开花结果！

“你真想知道我的意见？”迪尔德丽问麦克基利库迪。

“对。”麦克基利库迪答道。

“你别做梦了。”迪尔德丽咧嘴笑道，“从我的农场消失吧，永远不要再来了！”

麦克基利库迪“砰”的一声摔门走了出去，裤袋里还装着那个信封。温莎农场的畜禽们都在路旁等着他出来。他沿着两侧站满了畜禽的通路走向皮卡，大家用各自独特的方式为他送行。

“咯咯咯——”这是鸡。

“哞哞哞——”这是牛。

“咩咩咩——”这是羊。

“咴儿咴儿——”这是马。

“喔喔喔——”这是爱因斯坦。

就在麦克基利库迪走到皮卡跟前时，安德莉亚这只世界上最高雅的羊驼，也忍不住吐了一口唾沫。

迪尔德丽在窗内把一切看在了眼里，她感到十分欣慰。温莎是一个家族经营的农场，大家都是她的家人。温莎这个农场是畜禽开创的，并将永远由畜禽自营。

温莎农场
动物自营

那么，到底是谁拯救了农场呢？

高级思考题

1. 究竟是谁拯救了农场？

2. 故事中的各个主要角色——斯特拉、马库斯、迪尔德丽、布欧、马尔夫、梅兹、兰博、安德莉亚、爱因斯坦，他们各自作出了怎样的贡献？

3. 在现实世界中，你认为谁是最大的功臣？

4. 如果有机会重来一次的话，迪尔德丽是否有别的选择？如果有的话，这些选择有何特别之处？

知识总结

起步

A．在任何一个改革过程中，创意都只是个开始而已；

B．在革新中若想取得进展，不能只把目标布置给革新项目的主管后袖手旁观。

组建团队

1．要给革新部门充分的自由和发展空间；

2．开创一个新的业务部门跟从零开始创办一个全新的公司是一样的；

3．新部门和旧部门的矛盾冲突是难免的，正因为如此，在新部门和现有各部门之间建立一种良好的合作关系就尤其重要。

制订计划、评估进展情况

4．把学习——从严格的实验项目中学习——放在第一位，以后就能作出更明智的决策，收益也就水到渠成了；

5．确保每一份资金投入都用在刀刃上；

6．对革新部门的主管，对其业绩考评要建立在他是否严格执行原初计划的基础上。

在此，我们要向很多人表达由衷的谢意。

本书是在“国际思想领袖组织”（the International Thought Leaders Network）里几位朋友的一再鼓励下诞生的，他们是米歇尔·莱蒙斯-普森特（Michelle Lemmons-Poscente）、格雷格·雷（Greg Ray）、格雷格·凯撒（Greg Kaiser），跟他们合作非常愉快，他们在企业培训中使用寓言故事的经历给了本书巨大的启迪。在本书成稿过程中，乔治·凯撒和蒂姆·萨顿（Tim Sutton）曾多次提出宝贵意见和建议，对此我们深表感谢。通过“国际思想领袖组织”为本书进行的试点计划，我们还从读者们那里得到了很多反馈意见，谢谢你们。

乔妮·B. 科尔（Joni B Cole）是一位经验丰富的小说作家、编辑，是《Toxic Feedback: Helping Writers Survive and Thrive》一书的作者，在本书成稿过程中她始终给我们提供建议和支持，在她的帮助下，书中各个角色的形象变得更加鲜明，对话变得更加生动，文字也变得更有文采。此外，安妮塔·沃伦（Anita Warren）的编辑意见和颇具匠心的建议也为本书增光添彩。谢谢你们。

最后要感谢的是亨利·特林布（Henry Trimble）、萨利·特林布（Sally Trimble）、柯西·戈文达拉扬（Kirthi Govindarajan）、丽莎·克里斯蒂（Lisa Christie），他们都曾给我们提出宝贵建议，给我们无条件的支持和鼓励。谢谢你们，亲爱的家人。

补充说明

如需更多信息，比如怎样在公司内就本书组织读书讨论小组，或获得基于本书理论的企业培训信息等等，请访问www.howstellasavedthefarm.com